20 MACAU MEMORY OF YEARS

我们澳门二十年

1999—2019

李卉茵 / 著

廣東旅遊出版社
GUANGDONG TRAVEL & TOURISM PRESS
悦读书·悦旅行·悦享人生
中国·广州

图书在版编目（CIP）数据

我们澳门二十年 / 李卉茵著. —— 广州：广东旅游出版社，2019.12
ISBN 978-7-5570-2088-0

Ⅰ. ①我… Ⅱ. ①李… Ⅲ. ①澳门—地方史 Ⅳ.
① K296.59

中国版本图书馆 CIP 数据核字（2019）第 282104 号

出　版　人：刘志松
责任编辑：官　顺　陈　吉
封面设计：囗+工作室
内文设计：邓传志
责任技编：冼志良
责任校对：李瑞苑

我们澳门二十年　WOMEN AOMEN ERSHINIAN

广东旅游出版社出版发行
（广州市越秀区环市东路 338 号银政大厦西楼 12 楼）
联系电话：020-87348243
邮编：510060
广州市岭美文化科技有限公司印刷
（广州市荔湾区花地大道南南海南工商贸易区 A 幢）
889 毫米 ×1194 毫米　32 开　7.5 印张　155 千字
2019 年 12 月第 1 版第 1 次印刷
定价：49.80 元

【版权所有　侵权必究】
本书如有错页倒装等质量问题，请直接与印刷厂联系换书。

序言一

写在前面的话

李东东

习近平总书记指出,新闻记者要做"党的政策主张的传播者、时代风云的记录者、社会进步的推动者、公平正义的守望者"。我一直认为,只要你做过一天新闻人,就必须永远履行新闻工作者的职责使命。这是一个新闻人的时代责任和社会责任。

现在是一个"自媒体""新媒体"满地开花的时代,作为新闻人,必须要唱响主旋律、传播好声音、凝聚正能量,创作出众多有思想、有温度、有品质的新闻或者其他形式的文字作品。

好的新闻作品,应该可以有不同的呈现方式,以及不同的角度、不同的叙述模式,但是必须坚持"真实是新闻的生命",能够让读者了解事情的真相乃至事件的本质。只有这样的新闻作品,才能够真正具有传播力、引导力、影响力、公信力。

澳门传播学会的卉茵会长,能够从自己独有的视角,将澳门回归这20年来所发生的真实的大小事,娓娓道来,把我们重新带到事件里,再一次观察这个事件,理解这个事件,思考这个事件。让我们重新认识一个更加真实的澳门,这个澳门不是存在影视作品里,不是存在小说里,不是存在街头巷尾的八卦里,而是一个实实在在、地地道道的澳门。

"粤港澳大湾区"的规划,把这些南方城市再次凝聚在一起,每一座城市和城市中的人民,都在努力发挥各自的作用,为实现中华民族伟

李东东:中国新闻文化促进会理事长。

大复兴中国梦，贡献出他们的力量。而在其中，澳门这 20 年的发展，彰显了"一国两制"的伟大科学性和巨大生命力。

卉茵会长在这本书里，不仅描述了自己的成长，也见证了澳门的成长，同时体现了这 20 年来澳门的腾飞与内地尤其是大湾区改革开放的息息相关。从这本书里，我们能够看到澳门市民、澳门青年，对粤港澳大湾区携手并进的热切渴望和实际努力。

在澳门回归 20 周年之际，能看到这样诚恳而详尽的记录，让人欣慰和感动，这也是一个澳门新闻人——做了 10 年媒体的卉茵会长，所履行的职业责任和社会责任。

作为本书的第一批读者，我由衷地向她表示感谢。

序言二

二十余年成一梦

梁基永

卉茵妹说正在写一本关于澳门也关于自己的二十年纪事，让我写一段序言，匆匆翻阅全书，二十年仿佛就是一个晚上，一页页展开眼前。

二十年，对于一个人的年华，固然不算短，但对于悠长的历史，尤其是澳门这样几百年历史的大视野下，二十年又可以是白驹过隙。卉茵从小就喜欢文学，喜欢艺术，读书求学在这样一个华洋杂处的城市，她又在回归之时，从学堂进入了社会，融入回归后的莲花之城，她的成长，恰也与回归后的金莲花地同步，因此，这本书里面记录的点点滴滴，也变得有意义起来。

书中以纪年为脉络，每一年记录城市的足印之余，又穿插自己的小故事，正是每一个平凡与不平凡的人物，每一个或大或小的故事，砌成了时代的殿堂，小故事带出的澳门历史知识，想来也是读者所感兴趣的。

卉茵近年颇醉心昆曲，汤显祖的《临川四梦》所演都是人间与幻化的故事，宋词所谓廿年如梦，她二十余年所演的一出，正渐入佳境，如同澳门的未来，前途正未可量呢。

梁基永：文学博士，广东省作家协会会员，香港中文大学荣誉研究员。

自序

◆

送给一直在奋发向前的自己

李卉茵

很多朋友听到我说:"今年我要出一本自传",他们的第一反应是,你才几岁?就到了出自传的地步了?我连忙笑说,今年是澳门回归祖国二十周年,各种出版万紫千红,但是,我这本书所写的,是由我这个和澳门特区一起成长的少年人亲身经历的这二十年的故事,是一个小人物见大时代的故事。我朋友们都说,这挺有意思。

是的,这真挺有意思。

1999年,我17岁,接受央视访问时一脸稚气;2009年,我创办了自己的企业,从零开始,艰难前行;2019年,我迎来澳门回归二十周年,也迎来了自己企业创办十年纪念日。

这二十年,我是和澳门一起长大的,由青涩走向成熟的二十年。当我走进社会,澳门赌权开放;当我创业大展所长,澳门GDP节节上升;当我读硕读博,澳门也努力吸收经验,学习成为国际都会;当我学唱昆曲,澳门各种音乐节、电影节也举办得热火朝天;当我家的电梯被台风"天鸽"的大水淹没,澳门全城遭受到有史以来最黑暗的天灾……其实我们每一个人,都是这个城市的命运共同体,看似个体发生的小事,但其实都见证着这个城市的大事和变迁。

由1999年开始一直写到2019年,每年抽取几件大事来写,这足足花了我三个月,每天由晚上十二点写到凌晨三点。下笔时一直担心没有内容,但写着写着,编辑告诉我,差不多十万字了!我很希望我的读者们,能从这本小书里,看到澳门人日常生活的点滴,看到澳门年轻人对社会现象的思考,甚至澳门不为人知的一面。

还记得，当时刘社长和我说起，广东旅游出版社有意出一本关于澳门回归的书，想请一位年轻人来执笔，我问刘社长，我真的可以吗？一个人一生，能有几次机会出版自己二十年的故事？而且是在这么重要的节点上，回头认真看看自己踽踽独行过来的路？

我是个幸运儿，因为澳门的腾飞，我能拥有做好事业的机遇；因为澳门人这个身份，我能上央视的《戏曲春晚》，并在出书时得到这么多前辈的指点和帮助；因为我有一个好的团队，为我排忧解难，让我抽出时间来写书；也是因为我是一个能写点文章的年轻人，我能在最好的年华，为自己这二十年做一个总结，送给二十年从未有一刻懈怠、一直奋发向前的自己。

最后，谨以此书，献给我在天上的外婆和老爹，我爱你们。

目录

序言一	写在前面的话　李东东	I
序言二	二十余年成一梦　梁基永	III
自　序	送给一直在奋发向前的自己　李卉茵	IV

1999
- 1999年澳门回归祖国，澳门从来都不是殖民地　002
- 《镜海魂》和土生葡人　010

2000
- 千禧少年——澳门学生的求学之路　018

2001
- 澳门旅游塔——陪你看一场盛世烟火　026
- 传说中的"三大三小赌牌"到底是什么　032
- 除了"赌王"之外，澳门是不是还有"赌神""赌圣"　036

2002
- 西湾大桥——抵得住"天鸽"，却输给了周杰伦　044

2003
- 疫情过后——自由行带来的机遇与挑战　050

2004
- "环境好，时间好"——CEPA带来好机会　056

2005
- 昆曲《牡丹亭》，是最好的选择了我　062
- 东亚运与世遗城区——澳门走向世界的两张名片　072

2006
- 悲剧人物欧文龙　080
- 老澳门才有的老船厂　084

年份	标题	页码
2007	逆流而上，坐看风起云涌	094
2008	"海啸"也许卷走了豪客，但我们抱团共度时艰	100
	我知道你最想知道这个——澳门是不是有钱分	104
	支援汶川——澳门从未有过的群情共振	108
	共享祖国荣光——奥运圣火首次在澳门传递	113
2009	"一国两制"下的横琴奇迹	120
	澳门电影节，会是澳门电影的梦开始吗	126
	澳门城市的成长，怎能少了你参与	129
	科学馆：贝聿铭与澳门的不解情缘	133
2010	繁华背后的澳门武林	140
2011	原来他们是澳门人	146
2012	驹哥，你好呀	152
	用人类去火星的钱，澳门人只能建氹仔专线	158
2013	与我共舞吧，来自异乡的澳门故乡人	164

2014	习近平总书记给澳门的几封"家书"	170
	追忆诗人马万祺	174
2015	"海贼王"——港澳有个张保仔	180
2016	你有中山市，我有孙逸仙大马路	186
2017	格兰披治大赛车：澳门的速度与激情	192
	好好味的澳门，你试过未	198
	澳门"至暗时刻"，也是澳门人高光时刻	203
2018	港珠澳大桥之下，我们需要与白海豚和谐共处	212
	澳门是所有人的澳门，更是你我的澳门	216
2019	大湾区"她"时代的机遇	222

1999

1999年澳门回归祖国，澳门从来都不是殖民地

这本书的故事，要从1999年澳门回归祖国说起。

1999年，我还是澳门培正中学的高一学生。那一年，就像二十年后的今天，大批大批各地记者团到了澳门，为回归做大量采访。央视的纪录片小组也来了，选择了我和我的历史老师，分别代表澳门的中学生和教师出镜。"我们史地学会，经常组织活动，回祖国看大好河山，我觉得作为中国人，多了解祖国是很有必要的！"二十年前那个短头发、带点傻气的我，对着镜头说。这个片段，后来收录在1999年江泽民同志题字片名"澳门岁月"四个大字的纪录片里，那个纪录片的光盘一直被我珍而重之地保留着。

现在看回来，二十年前的我，除了样子清涩了点、黑眼圈大了点，还有点小哨牙外，原来也挺能说的，至少是个三观很正的少女。那时的我，完全想象不出来，时光过去二十年后，原来我能成长成今天的我，小时的愿望慢慢地逐一实现。当时我是学校里的少年领袖，现在也是个青年领袖。当年上央视，二十年后的今天，我也是央视各种回归访谈、新闻联播的常客。

澳门回归二十周年来，时代给予我、给予所有和这个时代共同成长的少年人的机遇，是社会的发展给予所有努力的人的一次飞跃。我们一直努力地跚跚前行，也没有幻想过自己最终能去到哪里，二十年后忽然回看，哦，原来我们不知不觉中走了这么长的路，每一步都算数的路。

二十年的澳门特区，有点像我们由少年时代的混沌初开，到今天风华正茂。

澳门特区，我的青春少年，二十岁生日快乐！

全民庆祝的1999年回归

从电视上看过1997年香港的风光回归,也见识过"肥彭"("末代港督"彭定康)挥泪别香江,看过文明威武之师驻港,也看过很多香港回归的各种报道,兴奋、疑惑、且喜且忧。两年前的香港回归,仿佛为澳门回归做了一个预热,但事实上,整个社会氛围,很不一样。

经过澳葡政府多年无能力的管治,澳门人都有一种对新环境新制度的期望。1999年回归,对于澳门人,至少对于我的家庭和我身边所有人来说,都是激动的、欣喜的、充满期待的。至少在我家里,父母长辈对1999年回归充满期望,对这个城市的未来发展,充满了信心。

我出生在广州,是个地道的西关人,家里一直是西关的大家族。小学时父亲为做生意方便而移民澳门,所以算是新澳门人。刚来澳门的时候,其实父母经常有"省城人"的心态,觉得澳门是个落后的小地方。我最记得家里刚安装好固定电话的时候,我打电话给广州的大表哥,他笑我,连佛山的电话都八位数字了,你们澳门还是六位数!

当时我还小,其实感受没我父母深,只是觉得,澳门人很和善,我的小学班主任潘老师知道我是新移民,对我特别关照。小学的同学也没有因为我完全不会英文而且不懂得学校规定而嘲笑我。澳门对我,是特别好的。

我最记得1999年12月20日的前一晚,我和史地学会的老友和中学几个同班同学,一起坐在水塘看大赛车那个石看台上面。大家心里都有一种莫名的激动,不想回家,也不想睡觉。感觉自己能生于这个时代,是一件千载难逢的事。1997年我们见证了邻居香港回归,1999年12月20日又见证了澳门回归,紧接着就是2000千禧年!天呀,感觉宇宙大事全都让自己遇上了!

那一晚的我们,坐在那个石阶上,畅想我们大学的去向,猜"千年虫"是不是真的会令所有计算机瘫痪,我们在想象回归之后澳门有什么变化。一直唱歌一直在说个不停的我们,在天亮的一刻,向远方大叫:你好呀澳门回归,你好呀,2000年!

澳门回归祖国的第一天,中国国务院赠送的大型铸铜贴金雕塑"盛世莲花"于综艺馆前金莲花广场揭幕。2019我们喜迎澳门回归20周年,盛世莲花逢盛世,必将开放得更加婀娜多姿。

你可知"MACAU",不是我真姓

> 你可知"Macau"不是我真姓
> 我离开你太久了,母亲
> 但是他们掳去的是我的肉体
> 你依然保管我内心的灵魂
> 你可知"Macau"不是我真姓
> 我离开你太久了,母亲
> 但是他们掳去的是我的肉体
> 你依然保管我内心的灵魂
> 三百年来梦寐不忘的生母啊
> 请叫儿的乳名,叫我一声"澳门"
> 母亲啊母亲
> 我要回来,母亲,母亲

这首《七子之歌》,相信大家都非常熟悉,1999年成为了澳门回归的主题曲,由我培正中学的小师妹容韵琳用童声脆生生地唱出。那时的她还是幼儿园的小朋友,小小的圆脸、长长的头发,非常可爱。她唱这歌时我正在培正读中学,我俩还是同一个老师辅导朗诵并一起去参加比赛,转眼二十年,她也亭亭玉立了。2019年唱这首歌的小朋友,换成了我的同班同学的女儿,原来我们都长大了,而这首歌,陪伴了我二十年。

年轻的闻一多写下《七子之歌》的时候,他用诗歌描写了澳门、香港岛、九龙岛、台湾、威海卫、广州湾、九龙、旅顺大连这七块被列强占据的土地,表达了心中的愤慨。他没有想到,"你可知'Macau'不是我真姓"会成为一个城市人民争相传颂的主题曲。

而不知道为什么,《七子之歌》里,只有澳门这首最被广为流传。

我听一个研究民谣的学者说过,"想象的共同体"里面,有共同的歌曲,对于整个民族、整个国家、整个城市都是非常重要的。这是一种潜移默化的教育和团结精神。所以我挺感谢闻一多先生的,因为有他,每当我听到《七子之歌》的时候,总是有一种不由自主的感慨。这样说出来或许有一些做作,但作为一个在澳门受教育长大、亲眼见证过回归、亲身感受过澳门发展、受过时代恩惠的年轻人,"我要回来!母亲!",这是我真实的心愿。

"马交"之谜

那如果,Macau(葡文)或Macao(英文)不是我真姓,那葡萄牙人为什么把澳门译作"马交"?

在我2019年成为澳门文化传播大使之前,我听到和相信的版本,一直都是这样的,连百度上也清楚写着:"16世纪中叶,第一批葡萄牙人抵澳时,询问当地的名称,居民误以为指庙宇,答称'妈阁'。葡萄牙人以其音而译成'Macau',这便成为澳门葡文名称的由来。"

但是,在上文化传播大使课的时候,史学家李业飞先生又清楚地拿出证据,推翻了这个本来看似很合理的说法。李先生指出,当时所有的地图都清楚标明,现在的妈阁庙,当时叫天妃庙,叫"妈阁"是在清乾隆年间,这和葡萄牙人初抵澳门前后相差了将近半个世纪,所以庙宇的名字和Macau根本无关。

对于此问题,澳门博物馆前馆长、广东省文史馆馆员陈迎宪提出"舶口说":因明代将对外开放的港口称为"舶口",而当时有大量福建商船往返澳门,葡萄牙人根据福建商人的闽南语"舶口"（pek-kao），将澳门称为"Macau"。

还有一个更加有"味道"的"乜gau"说，此说和"妈阁说"有些相似，有人说是第一批葡人抵达澳门时向当地人询问地名，但当地人听不懂葡人的话，因此说了一句粤语俚语："唔知嗡（胡言乱语）乜（什么）gau（男性生殖器）。"意思是"不知在说什么"。葡人根据"乜gau"（mad-gau）的发音写成了"Macau"。

老实说，就算不是澳门真姓，Macau若真是来自于一句广东粗话，也是挺难堪的。幸好，陈馆长又提出了另一个说法，19世纪瑞典历史学者龙思泰（Andres Ljungstedt）根据早期葡文史料研究，在其撰写的《早期澳门史》一书中说明：澳门"在一个岩石嶙峋的半岛上，远在葡萄牙人到此定居以前，就以安全的港湾而著名。因在娘妈角炮台附近有一座供奉偶像的神庙，所供奉的女神称为阿妈（Ama），所以外国作家称之为'阿妈港'（Amangao，port of Ama）"。葡萄牙学者白坦丽（Graciete Nogueira Batalha）称：由于广东方言中有在名字前面加上前缀"阿"的习惯，因此，A-Ma-Cao（阿妈港）便可简略为Macao（妈港），或A-Ma-Ngao（阿妈澳）、Macau（妈澳）。（陈迎宪相关观点发表在2019年11月15日《澳门日报》）

《澳门旅游指南》葡文版的说法则认为葡语Macau与女神"阿妈"有关，该神祇在整个中国南部享有崇高地位，人们在内港入口处建有一座专门供奉"阿妈"的庙宇，这个地方被当地人称为"阿妈港"（á-Má-Gao），这个名字后来被葡萄牙人称为"Macau"。

澳门从来都不是殖民地

"被殖民统治400年的澳门，今日终于回归祖国！"这句话在澳门回归以后，我们经常听到。在成为澳门文化传播大使之前，我对澳门的历史和典故掌握，有很多错误的想法和认知。其中最大的错误，可能也是大多数人以及许多媒体报道会犯的错误，就是把澳门看作殖民地，但其实，澳门从来都不是殖民地！

这个世纪的误会，由"晒货"开始说起。

葡萄牙人从来都没有和清政府签订任何关于割让澳门的条约。爱做生意而且拥有超凡航海能力的葡萄牙人，怀着打开明朝"锁国"政策通商贸易以及希望把"基督圣名之城"建立在远东的伟大使命，来到了中国。

1553年，一支葡萄牙船队登陆澳门，向明朝当时管理澳门的官员借地"晒货"，就在现在的妈阁附近的港口。官员汪柏受了贿赂，就让葡人留在了澳门。直到1572年，葡萄牙人一个"偶然间"开始向明朝政府缴纳地租了。本来葡萄牙人带着500两银子是想送给海道副使作为私人贿赂的，但送礼的葡萄牙人实在是来得不是时候，当时还有其他官员在场，海道副使敢自己拿钱吗？海道副使连忙说，那是给朝廷的地租。从此，葡萄牙人开始向明朝政府缴纳地租。可以说，这个时候葡萄牙人成了"房客"，中国人则是"房东"。 当时的澳门其实是香山岙（即现在的中山）同一区域，受明朝政府管辖。

第一次鸦片战争之后，清政府的孱弱暴露无遗。葡人认为有机可乘，1845年葡萄牙女王玛利亚二世自说自话地宣布澳门为"自由港"，次年派来一个强悍的总督叫"亚马留"（Joao Ferreira do Amaral），大举占用龙田村田地，开始对华人征税，并拒绝再向清政府缴纳地租，还派人封闭澳门海关，驱赶澳门县丞。到了1849年，清政府在澳门的管治权事实上已基本丧失。

澳门的历史，正是这样由借用开始到交租，到看准房东力弱强行占据，所以，澳门其实只是被强占了几百年，而从来不是一个殖民地。这种名不正言不顺的占用,也使得葡萄牙政府并没有太用心于"殖民",文化上没有太霸道的措施,因此澳门一直是一个"以中华文化为主流、多元文化并存"的城市。

特殊的地理位置和特殊的历史机遇,造就了独特的澳门。而我也十分荣幸在这短短二十年中,能跟这个交织融汇着中西文化的城市一起成长,一起作出华丽的转身。回首这段短暂却刻骨铭心的光阴,最值得欣慰的是,有梦相随,初心未改。

这是澳门回归当天的《澳门日报》号外,是一个在《澳门日报》工作多年的资深老报人送我的,非常珍贵,它见证了澳门特区少年时代的混沌初开,也预示了如今的风华正茂。

《镜海魂》和土生葡人

1999年澳门回归庆典上,除了中葡双方的官员之外,还有一些被邀请列席的嘉宾。其中,就有澳门第79任澳督亚马留(又译:亚马喇)的后人。也许现在大家都知道澳门的"亚马喇前地",却对这个颇具争议的殖民者知之甚少。

1846年4月亚马留从葡萄牙里斯本抵澳门任澳督。上任后,他非常狂热地在澳门推行疯狂的侵略政策。他最疯狂的举动,就是在筑路的过程中蓄意掘毁了许多中国人的坟墓,并将中国的海关官吏和丁役驱逐出去,又把建立在议事亭入口处的中国法律石碑捣毁,企图销毁中国政府对澳门拥有主权的证据。

终于,被破坏祖坟的望厦村民沈志亮等人奋起反抗,在关闸附近设局将亚马留刺杀,一刀劈下了他的头颅。不过之后葡萄牙方面为了提升己方士气,就铸造了一个亚马留的铜像放在了亚马喇前地的广场上作为"纪念"。直到1992年,这个代表着殖民强权的标志,才在当时的中国国务院港澳办主任鲁平的要求下拆除并运回葡萄牙。

2005年,澳门著名女作家穆欣欣(2018年任澳门特区政府文化局局长),把这一段历史写成了京剧——《镜海魂》,引起了社会大众的广泛回响,这也是我第一次认真了解这一段历史的契机。

"生而倜傥，慷慨尚义"

在一次《镜海魂》创作分享会上，穆欣欣这样向我们说："我最初是因'生而倜傥，慷慨尚义'这八个字而着迷、而动心。多年来，沈志亮成为一个在我脑海中挥之不去的人物形象，也就是京剧《镜海魂》的男主人公。"

爱国诗人丘逢甲（1864－1912年）曾写《哭沈烈士诗》以悼念："谁报凶酋发冢冤，宝刀饮血月黄昏。要携十斛葡萄酒，来酹秋原壮士魂。"

事件中的主角沈志亮来自澳门一个古村落——望厦。望厦村，又名旺厦，位于澳门半岛北部，背靠望厦山（又名莲峰山）。望厦，遥望厦门之意；旺厦，兴旺厦门之意，均与厦门有关。据望厦村何氏宗祠门联，此村有许多人来自福建厦门。

据碑刻记载，望厦村于明洪武十九年（1386年）开村，与塔石村、龙田村、龙环村、沙岗村并列，又距澳门与拱北之间的关闸（在昔日只是一个通关口岸，即今天的海关，但不同于关闸）不远，因此来往拱北与澳门城必须经过望厦。相传望厦有这样的一句俗谚："未有望厦村，先有何家祠"。也就是说何姓人在很久以前已聚居望厦，是望厦村的土著，旧居还有何、沈、黄、许、赵诸姓，人数较多，而其他的姓氏如陈、郑、韦、杨姓等也不少。望厦村内所居的各姓人家都会建立自家的宗庙或家祠，在现今观音堂一带的屋中，你还可能会看见一些家庙或氏族所建的书塾的遗迹。

《镜海魂》舞台上铺陈的澳门独特风景和百年非物质文化遗产表演，包括大三巴牌坊、农田、海岸线、葡萄牙欧式建筑、大炮台、酣畅淋漓的醉龙舞等，让观众一入场就感受到澳门风情。锣鼓一敲，主演亮相，标准的京腔京调加上一板一眼的唱念做打，令人耳目一新。剧场内响起掌声多达四十余次，更有观众从天津专程赶赴澳门观看《镜海魂》演出。不少观众坦言，通过《镜海魂》一剧，不仅可以更好更深地了解澳门历史文化与人文风情，更是激发出胸中的爱国情感，今昔相照，不由得感慨万分。

我是澳门人，我祖籍是……

除了望厦村，澳门还有一个古村落非常有名，就是在澳门所有巴士路线中最偏僻的目的地——九澳村。虽然九澳也聚集了一些福建人，但和望厦的闽南语系福建人有点不同的是，九澳早期的居民都是客家人。

澳门是一个以华人为主的华洋杂居的社会，自开埠以来，历史上数次的人口大变动都与移民有关，可以说澳门本身就是一个"移民城市"，其中主要是来自内地各省份尤其是广东省和福建省的移民，也包括部分海外归侨。

除了华人以外，澳门在历史上还汇集了众多的葡萄牙人、英国人、日本人、印度人、越南人、马来西亚人和非洲黑人等，不同的人种带来了不同的风俗习惯、宗教信仰和文化传统。当地的葡人，除了来自葡萄牙以外，亦有来自印度果阿或马来半岛的马六甲。

从数据上看，现时澳门三个最主要的族群为占总人数2.5%的葡人和土生葡人，以及占96%以上的华人，其中华人可分为华人原住民（居澳两代以上的华人）、世界各地的归侨和1979年以后中国内地新移民，新移民以广府籍华人为大宗，也有一定比例的上海人和福建人。改革开放后，中央政府放宽对国民出境的限制，澳门邻近的香港在1980年取消"抵垒政策"后，不少广东省居民前往澳门生活，成为该时期澳门人口增长的生力军。

澳门华人原住民约占澳门一半人口，他们在澳门出生，部分拥有葡萄牙国籍。1999年澳门回归祖国后，在中央政府"澳人治澳"的政策影响下，华人原住民成为澳门社会的中坚。改革开放后，20世纪80～90年代，以澳门人配偶婚姻关系、以澳门父亲或澳门母亲家庭团聚方式和在澳门以难民身份而取得澳门居留权的人中，多数是和大部分澳门华裔市民拥有相同祖籍的广东人和福建人。广东人方面，除了广府语系地区，热衷移民的"五邑"地区，以及原来同属"香山县"的珠海、中山的新移民们也占据了一定比例。

葡萄牙人方面，其实他们早在1553年就来到澳门，那个时候澳门还未正式开埠。彼时，葡萄牙人来到中国的东南沿海发展，找了个由头开始寻求在澳居留的机会。等到了澳门开埠时期，葡人被允许合法居住，这时，葡萄牙海员们与当地妇女通婚，他们的后代便是最早的一批混血"土生葡人"。

清末至民国，随着社会观念的逐渐开放化，葡人和华人通婚的情况较为普遍，混血葡人的长相兼具两国特征，继承了欧洲人最具典型性的蓝眼睛、高鼻梁，但肤色上却有些遗传中国人。此外，有些葡人还与马来人、东帝汶人通婚，他们的后代也兼具这些人种特点。

由于澳门曾长期被葡萄牙管治，因此当地居民的生活习俗更多地呈现出中西方多元文化交互的特点。几百年来，土生葡人成为澳门一个独立的族群，据悉，现在澳门生活着2万多土生葡人。这一族群在中国生活了几百年，虽然是欧洲血统，但是从文化认同上来看，土生葡人现在普遍对于澳门，甚至对于中国有着较强的心理认同，很多人觉得，他们已经与葡萄牙关系甚远。

从种族隶属上来讲，土生葡人认同自己是葡萄牙人的后裔，也大都认同葡萄牙文化，但是，从某种意义上讲，澳门已经成为他们生存的根基，对于澳门、对于中国的归属感更加强烈。公务员是土生葡人的主要职业，另外还有从事律师、教师、工程师、飞行员、音乐家、医生、商人、葡语翻译员和天主教神职人员等高技术性工作的。

如今澳门已经回归20年了，越来越多的土生葡人选择加入中国国籍，在中国开始新的生活、工作和学习。这是一个特别的群体，一边遵循着葡萄牙西式生活方式，一边又融入中国的习俗，既会说一口流利中文，又会说葡语。

对许多土生葡人来说，他们已彻底地将澳门看成自己的家。在葡萄牙当地几乎没有近亲，甚至不知道祖籍是在葡萄牙的哪个省份，澳门土生协会主席飞文基便是其中一位。他表示："我爸爸是土生葡人，我的公公也是。其实我曾经回葡萄牙寻找我的祖先，但是已经找不到任何家族历史。我们土生葡人有自己的文化，有葡文名字，会说葡语。我们以葡字为根，却以澳门为家。"

澳门回归祖国前，有部分土生葡人返回葡萄牙或是移居外国，但到了异邦却发现，自己并不习惯他乡的生活——"一来别的地方经济亦不算是十分好，二来始终最熟悉的地方就是澳门。在澳门生活便利，朋友亦多，有回家的感觉，所以大部分人都选择了回流澳门。"

土生葡语和土生葡人美食

土生葡人是澳门中西文化结合的例子,他们所拥有的语言和美食,都是人类学家最爱研究的对象。

土生葡语(Patuá),意思亦解作"基督的语言""澳门的甜蜜语言"等,是土生葡人在澳门生活的几百年间慢慢形成的一种独有方言。土生葡语以葡语为基础,再加入一些马来语、广东话、英语及少量的西班牙语、荷兰语、意大利语的词汇而形成。但非常可惜的是,这种方言早在19世纪后期已开始衰落,目前还能讲流利土生葡语的人少之又少,土生葡语因而被联合国教科文组织定为"极度濒危"的语言。

土生葡人除有独特的语言外,还有他们的土生菜,其实大家每一次来澳门,吃到的所谓葡萄牙菜,基本上都是土生菜。就拿"葡国鸡"为例子,这种用椰汁混合咖喱的做法,其实你在葡萄牙的任何一间餐厅都是吃不到的,它是真正意义上的澳门菜。

2012年,澳门特区政府亦把"土生葡人美食烹饪技艺"列入《澳门非物质文化遗产名录》,可见土生菜于澳门饮食文化中占着极重要的地位。每年的夏天,在氹仔海边美丽的龙环葡韵,还会举行一年一度的葡韵嘉年华。

葡萄牙文化似乎对澳门人的影响其实并不是太深,像我这样的澳门人,除了知道里斯本是葡萄牙首都、葡萄牙红酒性价比很高之外,其实对它并没有非常多的认知。我们所知道的葡萄牙文化,其实更多是土生葡人文化,然而土生葡人文化其实已经是混合的产物。

葡萄牙人并没有把其文化强加于生活于此的华人,既因为他们的文化已远不及英美文化的强势,也出于当时葡人在行政体制的优越性的自我保护。但无论如何,正是因为各种文化各行其是,平行发展,才有了如今多元文化并存的独特现象。

英国地图家斯皮德1626年绘制了中国地图,当中包括了现实中的澳门和他想象中的北京。(澳门科技大学图书馆提供)

◆ *2000*

千禧少年——澳门学生的求学之路

对于大部分澳门人来说，每一年的"年终"并不是12月31日，而是12月20日。因为在12月20日的"澳门回归祖国纪念日"假期到来时，整个澳门就会进入一片懒洋洋的放假氛围中，许多人会举家出门旅游度假，情况堪比内地大城市的春节"空城"！

说到澳门的假期，那真的是特别多：西方国家放假，澳门也放假（例如圣诞节）；内地放假，澳门也不例外（例如中秋节）；还有一些特别的日子，就只有澳门放假的（例如圣母无原罪瞻礼）。难怪人人都说澳门是个休闲的城市，在众多假期中可见一斑。

正因如此，当1999年12月20日澳门回归祖国之后，澳门人迎接一连串的大假期：回归、冬至、圣诞连放三天……快乐的时光过得特别快，还沉浸在美好假期中的澳门人，不知不觉就迎来了千禧年。

不同的中学，不同的性格

千禧刚至，"世界末日"和"千年虫"并没有出现，一切都顺利而和谐。澳门就像一个从混沌中初生的婴儿，鸿蒙初开，对未来充满期望，一切由零开始。

当时我还在读高二，完全不习惯每天在自己的功课上写上"2000年"这个年份。相比内地高中三年级要备战高考，那种千军万马闯独木桥的"盛况"令人想起也不禁唏嘘；在澳门读中学，是一件非常愉快、轻松自在的体验。因为澳门这个小地方出生率不高，但是无论在本地还是在澳门周边，可以选择的高校实在太多，所以相对竞争没有那么严苛，中学六年，我过得可谓是逍遥自在。

在澳门，如果有人问你："你读边间学校噶？"这通常是问你就读哪一间中学，而不是哪一间大学。澳门中学的特色非常明显，就读哪一间中学，可以代表你的出身，甚至不同中学出来的人，都会带有明显不同的性格。

澳门中学大致可以分为四个类型，第一类是教会学校，无论是基督教还是天主教，教区都有自己的附属中小学，像是天主教的圣心中学（女校）、圣罗撒中学（女校）、粤华中学（男校），等等。像我就读的培正中学（男女校），就是一所基督教会学校。这可是一所超过一百年历史的老牌名校，在澳门告诉别人"我读培正"，一定会得到对方投来的崇拜眼神。因为培正出了名地校风严格，学生成绩出众而且能力强，但同时留级率特别高。可能在其他学校得过且过的学生，在这里就充满压力，感到举步维艰了。

说起读教会学校，真的是个很有趣、很不一样的体验。我在培正六年,每个星期都要在周会上唱中文圣诗歌曲。同时,圣经课也是必修学科之一,每个星期都会有牧师教导我们一些做人的道理。"爱是恒久忍耐,又有恩慈"这一段《圣经》,在我中学时代背得滚瓜烂熟。虽然我并没有因为读了六年教会学校而成为基督教徒,但是所有宗教导人向善的道理都是共通的,"至善至正"的校训,是从求学时代起便深刻地植根在我心中的价值观。

除了大量的教会学校,我们还有一些学制上比较接近内地的学校,也就是第二类型的中学,例如著名的濠江中学、劳工子弟学校,等等。濠江中学老校长杜岚,是澳门人非常敬佩的一位女教育家。1949年10月1日,杜岚校长在濠江中学升起了澳门第一面五星红旗。与教会学校相比,这些学校所用的课本和教育方式比较接近内地,故而有许多新移民和内地刚来的学生,都会选择进入这类中学求学,比较容易适应。

第三类型的中学是全英文教学,学制也是跟从加拿大或者英美学制的国际学校,例如联国学校;另外还有专门教授葡语的葡文学校等。据说有很多家长近年喜欢选择国际学校,因为此类学校容易和国外名校接轨。也可能是因为外国学校的学习方式比较轻松愉快,功课少,有些家长可能会觉得这样小朋友读起来没有那么辛苦而选择国际学校,因此此类学校的学额较为紧张。我身边有很多小伙伴都是从小开始读国际学校,他们的动手能力非常强,而且非常独立,虽然他们的中文没有我们读传统学校出来的说的这么流畅,但是至少不会出现不会中文的情况,同时英文表达能力相对突出,这是国际学校学生的标志之一。

最后一种类型,就是比较普通或者我们所说的"Band 5"学校,例如三育中学。我也曾经见过有人读"Band 5"学校,然后刻苦求学,最终考到北京大学的。毕竟学校只是影响个人成材因素之一，最重要的，还是自己的努力。

在澳门读中学，课业不算非常繁重，而且学校会提供很多的体育类、文化类、综合类兴趣班。不是我"王婆卖瓜"呀，在学生时代的我，课余活动非常丰富，而且样样拿得出手——体育方面，我被校队选中，经常代表学校外出比赛；文章也写得好，17岁的时候还拿了一个"澳门文学奖"，我最记得的是当时那张奖金支票，因为我还没满18岁，不够资格去兑换，最终求助我爸爸帮忙，才顺利领到奖金呢！

更多升学选择是澳门的一种福利

因为澳门出生率低而人口偏少，其实本澳高校已经提供足够学额，让每一年的毕业生全部升学，况且在澳门周边的升学选择实在太多了，澳门人的升学压力，无疑是全国最低的。

截至2019年，澳门共有10所高等院校，其中4所为公立，6所为私立，有综合性教学和研究相结合的大学，亦有以应用教学为主的多专业理工学院，或者主力培养旅游会展人才、博彩业专才、专业护理人员及高级管理人才等的专科学院，提供逾4000个学额。这个数量和同年毕业的高中生人数相去不远，再加上有的学生会选择到内地、港台地区，乃至到外国就读，所以学位是绰绰有余的。而有一些同学则希望留在本地升学，可以一边做兼职一边读书，赚取社会经验。

可以这样说，正是澳门中学学界的多元化和全面教育普及，让澳门学子的眼界变得更广，选择也变得更充裕。不同的学生尽管有不同的背景和生活环境，都能通过多元化的澳门中学教育，获取相应的知识，并为将来进一步的求学进修计划，打好坚实的基础，有道是"条条大道通罗马",澳门的中学教育,为所有学子铺好了通往"罗马"的道路。至于路怎么走,那就要看自己的了。

相对而言,如果想出外见识闯一闯,有的同学会选择去台湾地区,因为台湾地区的学费和高校质素对比,称得上是"价廉物美",特别是有意进修医科的同学,更以此为首选;也有一批英语成绩好、家庭环境不错的同学会直接升读国外名校;但更多的人的选择和我一样——回内地就读名校。我的选择是暨南大学,因为当时它给了我免除学费的巨大诱惑,而且我本来就是广州人,我家距离暨南大学只是10分钟自行车的路程,可以说是我最好的选择。

有句话说:"有海水的地方就有暨南人。"作为全国第一的华侨学校,暨南大学为香港和澳门培养了数以万计的优秀人才。毕业回到澳门之后,我才知道暨南大学在澳门的影响力是这么大!暨南大学澳门校友会,是澳门最大的社团,而且校友遍布在澳门各行各业。暨南大学党委书记林如鹏曾经表示:"在澳门,3000余名公务员是暨大校友,还有8成以上的传媒人士,近8成的医生,4成多金融行业人士毕业于暨南大学。"暨南大学为澳门培养人才做出了重要的贡献,至今已为澳门培养超过两万名高素质人才,可称为"澳门人才库"。据统计,平均每6个澳门家庭,就有1个"暨南人"。

而说到我自己就读的新闻及传播学院,更是培养出一批可称为澳门栋梁的新闻人才,像澳广视、《澳门日报》等里面都有我的师兄师姐,互相帮扶,资源整合,带来了不少便利。校友资源如此丰富,正所谓"同学三分亲",在澳门这个人与人关系密切的小城市,人脉显得特别重要。

除了有大量的中学毕业生去暨南大学读书深造,还有很多毕业生在北上广的其他高校就读。由于国家给了澳门学生很多优惠政策，所以我们考取内地高校比在内地的同龄人相对容易。我不讳言这是澳门学生的一个优势所在，但比别人少跑那么一步两步，并不代表我们就能遥遥领先冲过终点，如何利用好这个优势，选择一所最合适自己的高校，是每一个澳门学子都要面对的重要课题。

澳门科技大学——名校的生力军

话说回来，我选择在2000年这一年，来讲述关于"澳门学生求学之路"这个话题，是因为在这一年里，澳门诞生了一所新的私立大学——澳门科技大学。为什么说是新的呢？原来澳门大学的前身东亚大学，是澳门第一所私立大学，1991年后成为公立大学。而澳门科技大学是澳门特区政府批准创办的第一所私立性综合大学。我还记得澳科大的成立日期是2000年3月27日，那是和我生日差不多的日子。当时我没有想到，在10多年后，我会和它建立一段密不可分的缘分。

如果一个人只有一个"标签"，那么我相信有很多人认为，做学术研究的，一定是实际操作一塌糊涂的书呆子；反之，在企业里打拼的企业家，想必是毫无研究精神的野蛮人，但我偏偏不认同这个观点。在工作数年之后，我立下宏愿要成为一个既有学术能力，又有丰富实操经验的真正有远见的企业家。于是，2013年我选择报考澳门科技大学，攻读传播学博士学位。

澳门科技大学，这位和特区同时长大的"少年"，在经历20年的成长后，由默默无闻偏安一隅的澳门初生高校，逐步发展到今天成为一所在全国高校排名榜中最年轻的百强大学。对于高等学府而言，20年弹指一挥间，在积淀中完成厚积薄发的过程，澳门科技大学的进步，全中国人都看在眼里。过去的这些年里，报考澳门科技大学的应届高考毕业生人数越来越多，录取分数线也水涨船高；在各个学术界的高校排名榜里，澳门科技大学也从名不见经传到崭露头角，名次也是逐年攀升。能成为这所欣欣向荣的高校中的一名学子，我和同学们一样，都感到非常骄傲！

澳门科技大学之所以成功，在我这个校友眼里，源于它的灵活性，而且敢于尝试。在我进修博士期间，学校经常聘请许多名校的传播系老师或者主任为我们上课。与此同时，学校还有许多新的学科和学系，都是整个澳门首创的，且都办得有声有色，例如新开办的电影学院已经在澳门逐渐打响名堂，如此种种，不胜枚举。我有时甚至会觉得，我和澳科大一样，充满了航海家的冒险和拼搏精神，为奔向成功而作出努力，或者这就叫"不是一家人，不进一家门"吧！

澳门科技大学虽然很年轻，2019年是其创校第十九年，但已在2020年《泰晤士高等教育》世界大学排名中位列251～300，与清华大学、北京大学和华东五校并列前八所中国大学。我在这里完成了六年的博士课程。

2001

澳门旅游塔——陪你看一场盛世烟火

每一个城市，都有一座"第一高度"的地标，上海有东方明珠，广州有"小蛮腰"，而我们澳门则有澳门旅游塔，我们亲切地叫它"Tower"。它坐落在南湾湖和西湾湖之间，如同给这两片湖水画上了点睛之笔，马上就变得鲜活起来。旅游塔自2001年落成后，不但成为了澳门新地标，还成为很多澳门人新的好去处。2019年，澳门"两湖一塔"成为新澳门八景之一。

338米高的Tower，比巴黎艾菲尔铁塔更高（可不是巴黎人酒店外面的那座仿造品！），可承受每小时400公里的风速，这么一组令人安稳放心的数据，让它跻身"世界高塔联盟"，成为其中名副其实的一员，更入选了"全球十大旅游观光塔"。我还记得自己第一次上旅游塔的时候，当时乘坐的电梯飞速向上爬升到顶楼（这也是澳门旅游塔其中的一大景观哟！），因为速度太快，甚至让人产生耳鸣的感觉，若再从观光层的透明玻璃往下看去，更是"脚仔都软（吓到脚软）"！这令当年的我为澳门有这样的一座地标而感到十分自豪，我记得有一段时间，Tower还是当时的世界第一高！可以说，Tower陪伴着我长大，我中学毕业的时候见证了它的落成；也曾于跨年倒数烟火璀璨的时刻和心爱的人在塔底下拥吻；曾在塔外迎着大风爬上几百米的塔顶，那种刺激的感觉毕生难忘。不知不觉，一直在我心里很"新"的Tower，原来也有十八岁了。

多功能地标为澳门"站岗"

　　说起来，澳门旅游塔能够出现在澳门，原来是一次旅游的"幸运产物"。据说澳门"赌王"何鸿燊先生在20世纪90年代到新西兰旅游时，偶然看到了当地的地标——天空塔（Sky Tower），给他留下了非常深刻的印象，当他回到澳门后，就以天空塔为蓝本，花了3年时间，从1998年开始兴建，终于赶在2001年底的澳门回归纪念日前落成。正式给大家介绍一下，它的全称为"澳门旅游塔会展娱乐中心"，集观光、会议、展览及娱乐设施于一身。每次看到它矗立在西湾湖畔醒目的身影，我仿佛看到一名兢兢业业为澳门"站岗"的卫士一般，任"天鸽""山竹"（编者注：台风名）吹过，仍是站得笔挺，不禁令澳门人都向它竖起大拇指。

　　一直以来，登上Tower第58楼的观光层，俯瞰澳门风光；或到60楼的360°旋转餐厅品尝顶尖美食，都是我带初次来到澳门旅游的朋友必到的"保留节目"。但要是说到澳门塔在世人心目中最出名的东西，那一定就是"笨猪跳"啦！在电影《十月初五的月光》里，文初（张智霖饰演）为了开解丧夫失子的君好（佘诗曼饰演），带她来到旅游塔玩"笨猪跳"，落地之后，文初吓得失禁……这一幕成了这部电影的经典，也让我不得不笑着提醒朋友："你真的确定要玩吗？那有没有多备一条裤子呀？"想知道Tower上的"笨猪跳"有多刺激？这里光是支撑体重的"缆绳"就长达50米，神经不够大条的人，只要走到台边就会双脚发软，更不用说从上面跳下来了。所以，肯陪你玩"笨猪跳"的人，是真爱无疑了！

陪澳门见证无数重大时刻

其实除了吃喝玩乐,澳门旅游塔下面的大型会议中心,也见证了无数个发生在澳门的重要一刻。自2001年12月19日落成后,这里举办过多项大型活动,比如澳门国际贸易投资展览会、中国——葡语国家经贸合作论坛、泛珠三角区域合作与发展论坛、太平洋亚洲旅游协会年会、全国人民代表大会澳门特区代表选举会议、澳门行政长官选举,等等。而最值得一提的是,胡锦涛同志和习近平总书记,都曾登上Tower,为澳门特区的5岁、10岁、15岁生日"庆生"并发表讲话,这真的是"与有荣焉"!

2004年12月,澳门特区迎来回归五周年"生日",我从电视上看到,澳门旅游塔会展中心现场华灯璀璨,鲜花吐艳,好一派节日气氛,时任国家主席胡锦涛同志来到澳门,登上澳门塔观光,并发表重要讲话。我记得当时胡主席说了一句让澳门人深感振奋的话,那句话也成为了次日报刊的头条。胡主席说:"国家好,澳门必定会更好!"澳门能够有今天蓬勃发展的喜人局面,与祖国发展的大好形势一直紧密相连,祖国发展得越好,越能给澳门的发展带来更强劲的动力,以及提供更多更良好的机遇。

2009年,澳门特区迎来自己的"10岁"生日,胡主席再次来到澳门,还给澳门特区带来了一份珍贵的"生日礼物":为庆贺澳门特别行政区成立十周年,中央政府决定向澳门特区赠送一对大熊猫,将祖国内地人民的深情厚意带给澳门市民,为澳门增添吉祥欢乐。这一年,习近平同志也来到澳门进行视察,他应邀登上澳门旅游塔,俯瞰澳门全貌。

在旅游塔顶楼看烟花在身边绽放,感觉很梦幻。

近年来，国家领导人多次视察澳门，肯定澳门全面实践"一国两制"的发展成果。其中有不少领导人都登上了澳门旅游塔观光，并在会议上宣布过不少影响澳门甚深的措施和政策。可以说，这些年来，澳门旅游塔亲身见证了澳门回归以来的发展历程和重要时刻，2009年，澳门旅游塔更获《文汇报》颁发"影响中国·共和国六十周年的经典地标建筑奖"，当真是实至名归！

看一场真正的盛世烟火

除了大型活动外，澳门旅游塔会展中心还有很多设施，包括电影院和会展场地。举个例子，澳门人要结婚结得气派的话，Tower是个好选择。我都记不得自己来这里喝过多少次喜酒，少说都有过百次了吧！连我自己的公关公司七周年酒会，也是在Tower举行的。来这里办喜事，令澳门人感到"有Face（倍儿有面子）！"

即便不喝喜酒，光是"去Tower吃饭"这件事，从我中学时代起，就已经很有仪式感了。因为在澳门还没有这么多大型综合度假村的时候，旅游塔的自助餐，可以说是少数浪漫又高级的存在，就是那种只有新年、情人节、圣诞节才会去的"高大上"餐厅。

在这里，可以看到整个澳门的景色，特别是在晚上，餐厅旋转一圈大概是两个小时，可以尽览澳门星河璀璨的夜景。其中的浪漫感觉，相信澳门人都懂得。澳门，是个喜欢放烟花的城市，除夕、农历新年、国庆节，不放个烟花好像就没有节日气氛似的。所以每年大大小小的烟花，都会在"两湖一塔"这里举行，而Tower上的旋转餐厅，则会在烟花节的时候被早早订满，至少要提早两个月预订才会有位置。我们通常看烟花都是抬头看天空，但在这里看的话，因为位置够高，你会看到烟花"砰砰砰"地就在你身边爆发，甚至有一种触手可及的奇妙感觉，和在下面看相比，属于高端体验，感觉非常刺激又安全。我想，能和心爱的人一起看一场盛世烟火，是作为澳门人最大的幸福之一。当你体验过后，想必会有和我一样的感受哟！

烟花是澳门人最熟悉的浪漫。

传说中的"三大三小赌牌"到底是什么

有时候新认识一些北方的朋友,他们都会开一些善意的玩笑"啊,你是澳门人啊,你家有没有开赌场的啊?"对此,我有时候也很无奈。澳门能开赌场的,哪会是我们这些普通市民。

当2001年澳门旅游娱乐股份有限公司(简称"澳娱")的幸运博彩专营合约期满后发放新牌照时,我已经是一个在粤港澳大湾区内快乐学习的大学生,在当年来看,政府给谁做赌场不给谁做赌场,对我来说似乎没什么影响。我也跟大多数普通市民一样,根本想不到,这个"赌牌"制度之后带给了澳门那么大的变化。

当时我刚刚结束懵懂中学生活,开始多姿多彩大学生活不久,我更关注的是在大学生活中遇到的各种神仙学长学姐,或者是学校周边极具烟火气息的校外生活。因此小岛上翻天覆地的变化,是我毕业后回到澳门才隐隐感觉到,包括自己家里和很多亲朋好友的家庭,都和以往有了很大的不同。2006年,也就是我大学毕业两年之后,澳门正式超过拉斯维加斯,成为世界第一"赌城"。

其实澳门并不是因为发放了博彩专营牌照才有博彩,早在那之前,澳门旅游娱乐股份有限公司便享有博彩专营权长达40年了。重新发放牌照,只是增加了运营博彩的商家,让这个行业得到充分竞争。

澳门到底是什么时候开始有博彩的呢?这讲起来就很长了。

清道光年间有文人记载："粤人好博，博之术多途。"广东赌风猖獗，花样繁多，番摊、白鸽、闱姓大行其道。鸦片战争后，风雨飘摇之下，赌风更甚从前。澳门本就人口繁杂，聚集着不少求生的破产农民、游手好闲者和不逞之徒，容易滋生事端。

1846年，葡萄牙当局在澳门开始推行"承充专营"，即通过投标，把一些商品或服务行业垄断权力承包给当地人，是一种变相的征税方式。承充专营制度，不仅可以获取财政收入，还可以解决这些棘手的社会问题，让不少人"有事可做"，整合了不安定因素，一定程度上缓和了当时的紧张矛盾。因此，尽管葡萄牙本国禁赌，但为了生存利益，亚马留让澳门赌场合法经营，对白鸽票、番摊、闱姓先后进行承充专营。

白鸽票是中式彩票，是一种类似圈字的博彩游戏，以圈中字数的多少决定是否中奖及奖金等级。白鸽票有多种规则和方式，流行程度很高。番摊即赌馆，主要是竞猜类的游戏。当时的清政府对澳门实施"以商制夷"策略后，大批商人出走，一时间澳门生意凋敝，很多人失去工作。葡萄牙当局批准了番摊的承充专营，一间间开设的番摊馆为人们提供了谋生之路，也为博彩业的收益贡献了较大力量。闱姓是中国科举考试的伴生物，以彩票形式猜考试中榜者的名字。它最早出现在清嘉庆年间的佛山，后来因为广东禁止闱姓而在澳门大肆流行起来，成为晚清澳门的经济支柱。

如此一来，对广东的广大赌徒而言，澳门成了一个光明正大赌博的极乐之地。澳门博彩业由此建立起来了。

此后经多方争夺，直到1962年，澳门旅游娱乐有限公司取得了垄断经营权。后来，博彩牌照经过三次转批给，赌牌数目扩展到了6个，银河娱乐、金沙、永利、新濠、澳博、美高梅六大博企共同组成了澳门的博彩市场。澳门赌业进入六雄逐鹿的新时代，澳门的博彩产业从此由一家企业变成了一个市场。

回望历史，博彩业在澳门这块土地上取得合法地位已有150多年，早于亚太地区其他赌场100多年。除了这次赌权开放，历史上有两次改革也十分出名。

第一次改革，是1930年澳葡当局第一次以公开招标、暗标竞投的方式和价高者得的原则，批出赌场专利权，并由以卢九家族成员、范洁明及霍芝庭等为主要股东的豪兴公司夺得赌场专利权。

第二次改革，大概是1961年。据史料记载，出任澳门第119任总督的马济时依据澳门的地理和资源条件，认为澳门的工业不可能有太大的发展，亦不可能成为远东重要的贸易港。而澳门的旅游资源却极具潜力，特别是"赌博娱乐"，值得大力开发。在他看来，博彩旅游业才最有可能成为澳门的经济增长点。于是，他向葡萄牙当局上书禀奏，明确提出澳门未来发展定位，只能是具有"博彩特色"的旅游城市，切望将澳门辟为"旅游区"和"博彩区"，准许澳门将博彩业作为一种"特殊的娱乐"。葡萄牙当局很快批准了他的"奏章"，并颁布了第18267号法规，以法律形式把马济时的这些建议确定下来。由此，博彩业正式成为澳门经济的一大产业。

而2001年约满之后，赌牌重新竞投。这一次，在众多专家看来，更是比之前两次的变化更加大。无论是赌权制度上，还是经济开放上，由于引入西方资本和西方的商业运营，让"中西模式结合"成为了真正的"澳门模式"。而这一次改革，也正式让澳门这个微型城市找到了发展动力，这个发展动力更在之后CEPA开放"自由行"之后，被热烈地推了一把。

1999—2019

回归前，澳门经济已经连续4年负增长，失业率上升，社会治安持续恶化，这对经济社会稳定发展构成了严峻挑战。回归后，澳门特别行政区首任行政长官何厚铧以发展经济为其首要工作，提出"固本培元、稳健发展"的施政方针，在2001年施政报告中提出"以旅游博彩业为龙头"的产业政策，然后2002年赌权开放，把这个政策正式落实。

博彩业对澳门发展的促进是显而易见的，以至有不少澳门市民都笑说，澳门要推动某个措施不是看政府有什么举措，而是看六大博企是否支持。像六大博企的一些"中小企采购""慈善公益"甚至"全澳大优惠"的活动，均能收获大众不错的反响。

我一直认为赌博是一种陋习，和一般的社会价值观相冲突。但无可否认的是，赌博带给了澳门一个新的机遇。如何从一个纯粹的"赌城"累积原始资源，慢慢走上多元发展的旅游城市，过去这段时间，澳门一直在思考；而对于我们这一代澳门人来说，这仍然是一个挑战。

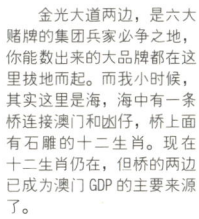

金光大道两边，是六大赌牌的集团兵家必争之地，你能数出来的大品牌都在这里拔地而起。而我小时候，其实这里是海，海中有一条桥连接澳门和氹仔，桥上面有石雕的十二生肖。现在十二生肖仍在，但桥的两边已成为澳门GDP的主要来源了。

除了"赌王"之外,澳门是不是还有"赌神""赌圣"

说起澳门,相信只有一个人能做其形象代言人,那就是人称"燊哥"的——何鸿燊。

我对燊哥的最初印象,是来自刘德华的《赌城大亨之新哥传奇》。听说这部戏以真的燊哥为蓝本,拍摄过程甚至还得到他的支持。我最记得,第一部的最后一幕,刘德华和坐在轮椅上的豆豆(邱淑贞)一起在旧葡京的平台,望向他自己打下的江山。那个时候,从友谊大桥看出去,还未有现在这么多建筑物,还是一片海岸线。那时的刘德华,正当盛年,意气风发,我相信,当年建立葡京及澳娱集团的何鸿燊,应当就是这个样子的。

后来有一次我在澳门大学的建校档案里,看到何博士30多岁时的相片,他本来就是混血,有一种说不出来的英俊,我和朋友讲,以他的相貌与气质,即使不做"赌王",做明星也是一线的那种,和当初扮演他的刘德华相比一点不差,甚至更具王者气概。

混血"赌王"出自望族

2001年博彩专营权结束,但澳娱集团的老板何鸿燊的"赌王"地位仍然不被动摇。尤其是在大家讨论六大博企的时候,其实"何系"占据了半壁江山,虽然澳博、新濠、MGM三家之间并无直接利益关系,但坊间百姓很多时候还是将这些博彩企业都看成是何鸿燊家族的成绩。

何鸿燊出身于香港何东家族,是何东爵士的侄孙,是何东弟弟何福的孙儿。祖父何福有中国和犹太血统,曾祖父是犹太裔荷兰人Charles Henry Maurice Bosman(粤语音译"何仕文"),1839年8月29日生于荷兰鹿特丹,于1859年抵达香港寻找商机,因为觉得在香港生意难做,遂于1873年离开香港到英国伦敦发展,1888年入籍英国,1892年何仕文在英国伦敦去世。

何鸿燊父亲何世光是中英混血儿,家中排行第九(昵称"九爷")。何鸿燊的曾祖母是中国广东宝安县人施娣,祖母罗絮才(Lucy Rothwell)是中英混血,母亲冼庆云(Flora Sin)也是中英混血。

何鸿燊拥有中国(曾祖母施娣)、犹太(曾祖父何仕文)、英国(外曾祖父Stephen Prentice Hall)的血统,但据传,由于祖父几兄均是由曾祖母独自带大,所以按照何东家族的传统,何东家族成员都自认是中国广东宝安人。当然,混血的好处就是靓仔啊。我上一次见到他本人,就是在八九年前的十六浦酒店开幕式,那时他已经80多岁了,还是身姿挺拔、风度翩翩。

自小就英俊非常的"何赌王",一生女人缘超好,有4位太太17个子女,号称"四房十七杰"。三太太陈婉珍曾说:"他有钱又浪漫,这是他的福气。"不过,网上有传闻,当年霍英东的长子霍震霆结婚的时候,"赌王"曾经语重心长地跟他感慨:"我这一生,只要我喜欢的女人,没有追不到手的,不过我同样不懂得怎么甩掉她们。"是不是心里话,就不得而知了。

"何赌王"虽然出自大富大贵之家,但其事业却是自己用命拼搏回来的。早年家道中落,香港被侵占,为了躲避战争,他只身奔赴澳门找工作。后来加入了贸易公司,负责押送航运,周旋在军队与海盗之间,经历了多次惊险之后,为公司立下汗马功劳,分得大笔红利,他也因此走上了"创业"道路,从此纵横商场。1961年,澳门博彩业合法化,何鸿燊抓住时机,与霍英东、叶汉、叶德利(人称"十一姑娘"何婉婉的丈夫)等人合作,拿下赌场独家专营权,迈出"赌王"之路的第一步,一直到2001年。

"赌圣"叶汉

而当初"何赌王"的合伙人里面,其实还有一位"赌圣"。当然不是周星驰啦,是叶汉叶老先生。叶汉出生在广东省江门市紫坭乡的一个陶瓷商家庭,属于小康之家。叶汉幼年时期正值辛亥革命成功以及之后军阀割据的局面。基于时局动荡,外来军阀对广东省所暗藏的财富起了兴趣,于是四处开放赌禁,大街小巷都开满赌摊。叶汉在这个环境下成长,自小已接触赌博。由于他眼光独到,赌博屡有斩获,慢慢地对赌便产生了浓厚的兴趣。18岁时,叶汉的父亲叶纪南将他送到广州去念中学，21岁辍学，并跟随其父的朋友叶作鹏到澳门发展。

到了澳门之后，叶汉这个"赌精"就更是如鱼得水了，在赌博业混迹了一段时间之后，就为当时的"赌王"傅老榕所赏识。据闻叶汉擅长"听骰"，所以专为傅老榕做一些监场的工作。后来他自立门户，和何鸿燊等人合组了新公司。但后来，因为意见不合，他又从澳娱离开，创办了闻名世界的赌船"东方公主号"。

他的个人史，就是活生生的澳门赌博史，一生可用四句话概括："少年嗜赌，青年管赌，壮年开赌，暮年豪赌。"他曾说："输赢我已习惯了，我虽然精于赌术，但计算一生，只得个'玩'字。"叶汉开赌场，却常劝人们不要迷赌烂赌。他撰写打油诗，教诲年轻人不要步他后尘，趁早醒悟、回头是岸方是上策。其中一首打油诗是这样的："大梦谁先觉，平生我自知；博彩缘偶遇，传世不适宜。"这首诗被刻在葡京娱乐场的入口处，是叶汉在葡京任职时写下的。而其大门上也挂着一块牌匾，上面写着四句"警世诗"：

博彩无必胜，
轻注好怡情；
闲钱来玩耍，
保持娱乐性。

第二代"赌王"傅老榕

和叶汉恩怨难分的澳门第二代"赌王"傅老榕，原名傅德用，傅德用生于广东省南海县一户贫穷人家。8岁时，因家乡遭逢旱灾,其父傅球芝离乡远赴香港谋生,担任五金厂工人。傅德用自小对赌博便有兴趣,1913年他跟随父亲到香港担任轮船机械学徒,亦经常流连于赌摊碰碰运气。慢慢地,赌场的人们都叫他作"老用",后来他便直接取其谐音为自己改名为"傅老榕"。

和叶汉差不多,从小嗜赌的他,长大后也就从事赌博产业。直到抗日战争爆发,他才将在深圳开设的赌场变卖,带同资金来到澳门,并且投得澳门博彩专营权。

傅老榕对于我这一辈的澳门人来说,只是一个传说。而街头巷尾讲得最多的,是1946年时傅老榕遭遇的绑架。当时歹徒将傅老榕从普济禅院带走,要求赎款200万元,经过一轮斡旋之后,绑匪同意降低赎款至90万元。但是,在交付赎金前夕,傅

就像史学家说的,澳门人有爱冒险的海盗文化和精神底蕴,最易出枭雄,何鸿燊(左图)、傅老榕、叶汉(右图),都是一代枭雄。若要拍戏,可来澳门找这些传奇人物的故事,必定很精彩。

老榕的儿子傅荫权查出父亲被困之地，随即报警求助。岂料走漏风声，绑匪更因此举而大怒，并割下傅老榕的右耳及坚持原定200万的赎款。不过，在粤剧界名人新马师曾和他的一位朋友协助下，最终匪徒妥协，在交付90万元的赎金后傅老榕便获释了。（参考《傅德荫传》）

傅老榕是个传奇人物，假如你现在来到澳门，还能找到不少跟他有关的足迹。例如他当初经营的十六号码头现在则是游客区之一的十六浦，还有用了"十六号码头"这个牌子的十六号码头德兴海鲜火锅。

既然有"第二代赌王"，当然就有"第一代"啊。那就是在澳门留下不少"地标"的卢九了。这个清代富商从广东新会移民到澳门，一开始只是帮人做货币兑换赚点佣金，后来掌握了门路，就开办银行做一些钱庄业务，本来是跟赌没什么关系的，不过他后来从事很多不同领域的生意，其中就包括了"白鸽票"（一种古老的彩票，源于清代赌鸽活动），更因此赚得盆满钵满，被誉为"第一代赌王"。不过，卢九本身也是个大慈善家，他甚至捐巨资资助孙中山先生的革命行动，他的儿子和孙中山先生也是好朋友。现在澳门地标卢九花园（卢廉若公园），就是他当初的住所的后花园。后花园已经那么大，可见当初住所规模是怎样的雄伟。而现在，卢九花园已经成为"澳门历史城区"的一部分。

既然代代都有"赌王"，那么"何赌王"之后，又是谁来接班呢？众说纷纭，没有很具体的说法。不过由于大众的"娱乐眼光"，估计众人都希望"赌王"仍然是一个风流倜傥、英俊潇洒的公子哥儿，所以近年港澳有不少人都笑称周焯华先生是"新一代赌王"，全因他和他们公司的代言人古天乐都是那么靓仔有型。作为一个澳门人,我对"赌"其实没什么感觉,很多"专业知识"一窍不通,所以华哥能不能成为"赌王"我不知道,只是近年来,工作上多有跟他合作的机会,看见他确实十分勤劳,是我们"创业者"的一个典范。

2002

西湾大桥——抵得住"天鸽",却输给了周杰伦

相信来过澳门的朋友都知道,澳门有两片主要的生活区域,其一是和内地接壤的澳门半岛,另一是氹仔、路氹及路环相连的离岛。澳氹之间,由三条跨海大桥连接起来,分别是1974年通车的嘉乐庇总督大桥,由于开通时间最早,故又被澳门人亲切地称为"旧桥";1994年通车的友谊大桥;还有一条,就是2005年通车的,本文主角——西湾大桥。虽然已经14岁了,但澳门人还是很喜欢叫它作"新桥"。

由于工作和读书,基本上我是每天都要去氹仔的,每天经过这三条桥,准确来说只是两条,因为其中一条是的士和巴士专用桥,人们每天都在桥上面来来往往,经历着人生中各种时光。台风天如果身在氹仔,我们会很关心何时会封桥?因为封桥意味着可能回不了家,必须在封桥前赶回家。

澳门人是很有人情味的,在烟花时节,西湾大桥两条行车线会留一条"睇烟花线",让想看烟花的人开着车缓缓穿行,而急着要走的人,就从另一边的行车线快快开过。一场10分钟的烟花表演,在桥上可以看到大半,而且又比岸上的人更接近烟花中央,非常浪漫非常美。最适合那种又聪明又懂得省钱的男朋友,带女朋友开车上桥看烟花,无比醉人。

西湾大桥初建成：明星身份自带光环

西湾大桥于2002年10月8日动工兴建，主桥于2004年6月28日合龙，2005年1月9日正式通车。我记得当时澳门特别行政区政府公开向国际招标建设，声势浩大，最后是中铁（澳门）有限公司、中铁大桥局和中铁大桥勘测设计院三家组成的联合体中标。

和日渐老旧的嘉乐庇总督大桥，以及每年台风一来就被吹得摇摇摆摆、甚至当日会有闭桥之虞的友谊大桥相比，西湾大桥初登场便有着"明星光环"，它是一座上层为6车道公路、下层通道内预留有2车道城铁轻轨及遇强台风时仍能正常通行2车道汽车的双层特大型桥梁。这一设计针对澳门位于台风多发地区，称得上是很有创意的设计。

更奇妙的是在联体主塔的三个塔柱（寓意是澳门的第三条跨海大桥），上部形成一个"M"字形，被认为是代表澳门（Macau）的独特标志。在西湾大桥建成后，其设计曾获多个奖项，包括中国铁路工程总公司2005年度优秀工程设计一等奖、2006年度湖北省科技进步一等奖、2006年度中国铁道建筑总公司科技进步特等奖以及2007年度国家科技进步二等奖等，真的算得上是"集万千宠爱于一身"。

台风天看大桥：经受住"天鸽"考验

2017年夏天，台风"天鸽"袭澳，但当日由于特区政府未及时悬挂十号风球，不少像我这样的上班族开始为难：怎么办？外边"横风横雨"（风大雨大），那还要过海上班吗?更有想象力丰富的人在各种社交网络群组里留言:这么大风,开车过桥时,会不会被风吹下桥?再说了,"天鸽"这么凶猛,这几条大桥顶得住吗?

前文提到,在设计西湾大桥的时候,设计者已经充分考虑到了台风季节所带来的影响,其下层车道平时只开放予紧急车辆使用,而在热带气旋吹袭澳门,气象局发出八号或以上风球时,上层车道关闭,下层车道就会开放使用(太危险了,真的可能会被吹下桥!),但只供轻型客车(私家车)或紧急车辆使用。只是,"天鸽"毕竟不是一般小打小闹的台风,随着风球级数的提升,气象局宣布三条澳氹跨海大桥封闭,仅余西湾大桥下层行车道仍在开放,直到十号风球正式挂起,才宣布关闭西湾大桥下层通道。

我还记得那天打开电视,看到大桥的实时监测,在海浪的连番拍击之下,大桥也仿佛在摇晃,那种视觉效果让我至今难忘。有数据显示,当时大桥桥面上最高平均风速为每小时132公里,最高阵风甚至达217公里。所谓"天威难测",

西湾大桥,澳门人也叫它作"三桥",是澳门最新的一条桥。每次开车经过桥上面的"M"字门,看到晴朗的天空,感觉做澳门人好幸福。

说的大抵就是这个道理。幸亏台风吹袭之下,澳门的三条跨海大桥都经受住了考验,而西湾大桥也最快恢复了通车,不愧是澳门桥梁中的明星呀!

台风虽猛亦可阻,杰伦"旋风"挡不住

西湾大桥的出现,缓解了澳氹地区因私家车增多,以及路氹城发展迅猛所带来的交通压力,堵车现象发生的次数也变少了。但随着时间推移,即便是最年轻的西湾大桥也已经14岁了,大桥路面维修保养计划不可忽视。在其中一条大桥维修养护时,另外两条大桥的运力也还能维持澳氹地区的交通。然而在去年底,大桥们又遇到了一股"旋风",导致桥上出现大塞车。什么?你说冬天不应该有台风,没错,可是这股"旋风"比台风还厉害,我把它叫作"周杰伦旋风"!

2018年12月,周杰伦来到澳门氹仔开个人演唱会,大量歌迷们蜂拥而至,恰好当日西湾大桥开展路面重铺工程,要暂时封路,但是不少市民对于西湾大桥封路一事并不知情,在封路期间仍然按照平日行车习惯行驶至西湾大桥才发现无法上桥,这时候再转至友谊大桥,让当日本来就运力满负荷的友谊大桥吃不消了!故而当天晚上,便出现了一场已经很少见的"全城大堵车",氹仔交通由大桥一直堵塞至市区中心,交通几乎陷于瘫痪状况。最后要"动用"嘉乐庇总督大桥过来"搭一把手",于晚上7时45分起临时开放轻型汽车通行车道。周杰伦所带来的"旋风",比台风还要强悍,大桥抵住了台风的吹袭,却输给了周杰伦的人气,这桩轶事,恐怕给澳门的交通史上留下了令人啼笑皆非的一页呢。

♦ 2003

疫情过后——自由行带来的机遇与挑战

2003年,内地开放自由行。提起这一话题,绕不过去的应该就是令人印象深刻的"SARS",又叫"沙士"或"非典型肺炎",我也不例外。

其实传言从2002年底就已经开始流传,仿佛恐慌从顺德开始一下子席卷了整个广东以及内地其他省市,抢盐抢米醋、囤积板蓝根等现象开始在各地发生。当身边开始有亲友拜托帮忙购买时,我开始感觉到周围气氛紧张起来了。

缘起

2003年3月，当TVB报道香港威尔士亲王医院的医护人员有发烧症状时，恐慌一下子爆炸性地蔓延开来。身边多了戴口罩的人，海边绿地上也多些了晨练的人。外港码头开始启用红外线热像仪，关闸口岸也有工作人员手持探热仪测量每一位入境者的体温。校园、商场、赌场也开始频繁清洁，所有公园、休憩区、广场、街市、巴士站、固定及流动公厕、电话亭、废纸箱、行人天桥、栏杆等设施也在全面清洁消毒。还有民间团体发动居民"各扫门前雪"，坚持一天消毒三次。空气中的消毒水味仿佛都在绷紧着每一个人的神经，我的心也在揪着，一旦身在人多的地方，既警惕又有些许害怕。

的士上消毒水味也同样浓重。司机向我抱怨不仅游客少，连市民出门都少了，生意冷冷清清，接着又像是在给自己打气一样，说希望大家别怕，做好防备措施，一定都会无事。

当世界卫生组织正式宣布这种神秘的致命病毒为"SARS"，并把广东、香港列入疫区时，悬在头顶的那个水闸，似乎就要崩塌了。与内地连接紧密，关闸每日都有十万人来往，在人口密集、旧区林立的澳门，我该怎么办？大家能挺住这场灾难么？

听说，葡京更新了通风系统，还免费派发口罩给游客，卫生局频繁发布预防指引，大规模清洁公众设施，全民将病毒阻挡在外，政府部门还设立了隔离营和相应的治疗检疫部门。一直到7月，各地惊人的数据不再增长，"非典"过程告一段落时，澳门最终奇迹地只录得一宗输入性病例，实现病毒零扩散、医院及小区零感染，赢得世卫组织高度评价，也让我心头的那颗大石轻轻落下了地。

低迷

曾有人打趣，澳门无"非典"，得益于这是一块莲花宝地，四面临海，海陆空只有四个进出口岸，一旦发生疫情就"重兵把守"，可谓可防可守。

然而，主要吸引香港居民和内地游客的旅游博彩业，在内地调整出入境政策限制内地居民到港澳游后，虽防住了疫情，但游客也主动或被动地也减少了。数月的疫情冲击后，在我眼中原本人群熙熙攘攘的澳门，变得冷清了。

不仅是博彩业，餐饮、酒店、娱乐场所的营业额也大幅下滑，连带澳门的整体经济也出现了负增长。有数据显示，2003年4月入境旅客比2002年大幅下降了73.2%，酒店业平均入住率只有44.2%。在全国疫情蔓延的情况下，澳门暴露了其经济的脆弱。

为了重振经济，澳门各界都在努力。2003年的夏日旅游推广活动举行了大抽奖，一名香港游客抽中了头奖——一部平治（奔驰）房车，一时间造成了不小的轰动，大家也在热烈讨论着报纸上的这名幸运儿。澳门特别行政区政府也耗资过亿推出了多项税务减免、成本补贴等援助措施，协助受影响的行业解困，希望能保存澳门经济元气，助其更快恢复。

转折

但澳门还需要更劲的一剂强心针，我知道，这需要更多人气。在2003年7月以前，内地居民只能以探亲、商务和参团形式到澳门旅游，非典疫情解除后，为了实现港澳经济复苏，中央政府应港澳特区政府的要求开放了部分省市内地居民港澳自由行，第一批有佛山、东莞、中山和江门等城市，随后又扩大到北京、上海、广州、深圳和珠海等大城市。

好消息接踵而至，有数据显示自由行实施后，2003年8月至12月内地游客来澳同比增长49.3%，全年来澳自由行的旅客高达60.83万人。旅游业复苏，业绩也超过此前大家的预期，酒店入住率攀升，零售业生意好转，这一针让整体经济增长创了新高。

百业萎靡的情况得到了好转，附近的金沙、银河华都开业，带来了大量的就业机会，而现在令人瞩目的永利度假村、威尼斯人也纷纷开工，建筑、酒店及博彩娱乐业开始出现人力紧张的情况，用工难一时间成了大家讨论的新鲜话题。当然，随之而来的大塞车、道路拥堵，也让出租车牌照、轻轨建设逐渐成了大家关注的焦点。

思考

澳门承接能力有限，自由行带来了机遇，同时也带来了挑战。每次看到关闸人潮汹涌，大三巴周边日常被挤爆，"零团费"、交通拥堵、物价上涨和产业结构失衡，愈发引起了很多思考。

好在自由行增长速度在逐年增加，澳门也在逐步提升接待水平，交通疏导、节假日分流、新增口岸，也在缓解着这种紧张气氛。

如今，16年过去，似乎热闹过后跌到了一个冰点。受到香港连串示威影响，自由行访港游客遭恫吓、袭击的事件屡见报端,部分"暴徒"围住拖箱子的游客,指责他们抢完了货架上的奶粉,在地铁里阻碍游客通行,甚至对着游客大喊"蝗虫"。每每见到这种报道,我只有心痛、无奈、愤懑,本是同根生,相煎何太急!

虽然网络上有不少网友呼吁到更为友好的澳门出游,但游客确实在减少。最近一次看报纸,有报道说2019年8月以来,赴港旅行团数量大幅减少,连带将港澳联游团的数量拖入谷底。而自由行游客误以为澳门与香港一样局势不稳,来澳意愿也大受冲击。香港乱局,澳门无法独善其身,旅行社七成业绩依赖港澳团,业界人士也表示,2019年8月导游带团生意大跌五至六成,部分旅行社员工已经被迫放假,情况比"沙士"时更为严重。

回归20周年,澳门与内地文化意识交流已经逐步加深,如何摆脱"港澳游"形式,加深两地了解,这不仅是业界,也许也是我们每一个澳门人应该思考的问题。

这是澳门人最熟悉的板樟堂,我小时候这里林立着书店和小食店,后来自由行开放,由于位置靠近大三巴,这里变成游客必到的人流中心,而书店也变成了化妆品商店和金铺。

♦ 2004

"环境好,时间好"——CEPA带来好机会

世事跌宕起伏,回望2003年时就深有感触。在"SARS"带来的阴影下,经济与大众情绪都跌至谷底时,为了应对困难,中央政府和澳门特别行政区政府采取了一系列援助经济发展的政策,如放宽内地部分省市居民港澳旅游限制、允许办理个人人民币业务,等等。

除了自由行开放,《内地与澳门关于建立更紧密经贸关系的安排》(CEPA),加强澳门与内地的经贸合作,对于我来说,这确实是最提振精神与信心的大好消息。2004年我们迎来了一条好消息——CEPA于2004年1月1日正式实施,这直接影响澳门未来的前途。CEPA对澳门人来说,无疑是打开了一扇通往内地经商的便利大门。

现在"粤港澳大湾区"概念正热,可以说,早在2003年这一协议签订的时候,澳门与内地就已经开始了经贸合作的先行先试,而现在就到了粤港澳协同发展的全面推进时期。

时与运

2003年,特首何厚铧在新年致辞中曾说:"今年,澳门环境好,时间好,机会好。""环境好",是说经济发展,人心思进,外围配合;"时间好",是说经济复苏之际,喜逢CEPA,如虎添翼;"机会好",是说市场拓展、竞争活跃,需求也有所增长。

"环境好",这并不是一句官场话。当年肉眼可见的各行业从了无生气到生机勃勃,街头游客身影的逐步增多,商场饭店人声鼎沸,年底也交出了经济增长10%的成绩单。

但澳门毕竟发展空间资源有限,经济体量也不及香港,又怎能只把眼光停留在这里?内地市场空间巨大,消费能力不容小觑,更是人才济济之地,澳门制造业、服务业、旅游业等各行各业已经开始把握住这一机会。

2004年,我们迎来了一个好消息,它直接影响澳门的未来。CEPA对澳门人来说,无疑是打开了一扇通往内地营商的便利大门。澳门特色手信杏仁饼,以前只能在手工作坊里人手烤焗,现在许多商家都设厂,大规模生产,并将产品引入内地。(摄影:陈永坚)

走出去

从一包小小的澳门特色小吃"杏仁饼"或许能看到澳门企业是怎样抓住了这个机会。在大三巴,走几步就能看到各家饼店门口挤满了游客,带几包杏仁饼回家做手信,这似乎成了很多人来澳门游玩的必打卡项目。

CEPA的签署带来的一大好处,就是内地对部分原产澳门的进口货物实行零关税,这无疑能为经营饼铺的店家进军内地市场省下不少钱。除了零关税的好处,进入服务贸易市场大门的打开,也带来了不少人力资源上的便利。

此前身边也有不少人想北上开拓市场,但对内地市场和法律制度比较陌生,害怕风险而迟迟不能做出决定。回归数年后由于两地往来频密,想开拓内地市场的人也就对内地市场、客源有了些调查了解。加上CEPA签署,按照协议澳门居民能以个体户的身份到内地经商,也就是说,本澳居民可以在内地开设300平方米以下的商铺做生意。内地和澳门特别行政区政府都在促成这件好事,在内地开店有了相关法例和政策优惠,这成了不少澳门工商企业主迈出关键一步的契机。

从邻近的珠海,到广州甚至泛珠三角地区都有了不少澳企落脚,第一家饼店就开到了珠海湾仔澳门街。在广州最热闹的商业街北京路上也有了CEPA商品城,澳门人也在这里开了手信店,在这个每日人流量高达二三十万的步行街上,商品十分受欢迎,一度出现脱销情况。

品牌企业可以到内地开设连锁店,中小微企业也想要抓住这些商机和优惠。随后几年,内地开通了"跨境电商直通车",这种从横琴口岸通关到跨境电商园区的直购进口模式,把澳门本地的牛油蛋卷和花生脆糖等特色食品，销往广东、重庆、浙江等地。

到现在，CEPA的补充协议已经签署了多次，内地对澳门的开放力度不断加大。目前基本上所有货物贸易已达到自由化，所有澳门产品基本上都能够免关税进入内地。而服务贸易的不断扩大开放更意味着内地与澳门之间的贸易到最后可能将达到全面自由化。

当然，CEPA带来了贸易投资便利化的规定，最直观的就是人流、物流通关手续比以前更加简单方便。印象深刻的是，2004年珠海宣布实施CEPA具体措施的一个重点——拱北口岸启用了通关新系统，过关时间从原来的40秒减少到了3秒钟。

向前行

还记得2003年澳门特别行政区政府开始接受零关税相关证件申请，却没有一家本地企业去办理，一时间成了新闻头条。一方面是因为不少企业主还不清楚货物贸易和服务贸易所涵盖的内容，另一方面他们确实犹豫不决。

确实，澳门自然资源短缺，市场容量小，生产企业普遍是"家庭作坊式"的中小企业，规模小，品牌实力并不算强，经营意识也比较保守；在服务贸易领域比起香港企业更是缺乏竞争力，这也成了不少企业主裹足不前的重要因素之一。

但前景如此美好，不关心、不理会甚至犹豫不决只会错失良机。澳门虽小，但有着特殊的地域优势，与葡语国家有传统的特殊关系，外汇基金在澳门进出自由，经营成本也相对较低，这也是澳门中小企业独有的优势。在"一国两制"的制度优势下，趁着对外合作空间开拓的时机，缺少人才可趁机引进，技术落后也可以改，资金缺少也有各种政府专项信用计划提供资金。

其实，除了商品进入，协议规定内地服务业等十八个行业也对澳门开放，还降低了服务业准入条件，这也为澳门金融、服务等行业带来了商机。甚至身边也有专业人士不再局限在澳门这个细小舞台演戏，而是北上创业或求职到一个更广阔的舞台一展所长。

CEPA实施这些年，不管是从货物贸易还是在服务贸易方面来看，确实给澳门中小企带来了巨大商机。这些年来，澳门特别行政区政府也大力支持青年创新创业，完善对青年创业的配套支持，并鼓励青年参与区域合作。掌握了这些有利因素，迈出澳门这一步后，在广阔天地里开拓发展也并非难事。

◆2005

昆曲《牡丹亭》,是最好的选择了我

泰戈尔有一句诗是这样说的:"不是我自己选择了最好的,是最好的选择了我。"

这句话很准确地形容了我和昆曲的关系。许多人说,想要学习一门艺术而且获得比较大成就,需要从小学起,需要有幼功。但是就像歌里唱的——"情若真不必相见恨晚",我差不多30岁才开始学习昆曲,但是我却能成为一个相对专业的爱好者,也登上过央视最高级别的戏曲节目《戏曲春晚》的舞台。我觉得这是我和昆曲之间的缘分,是它选择了我,用我这个种子,在澳门这片土地上为古老的传统艺术生根发芽。

梦回莺转《牡丹亭》

澳门是一个包容的城市，市民娱乐非常丰富，以粤剧为例，澳门的粤剧民间组织有300多个，戏曲土壤很丰富。作为一个广东人，其实我学粤剧是有天生的优势，家里人也挺喜欢，我嫲嫲（注：奶奶）非常喜欢看粤剧，《帝女花》我从小就会哼。

但缘分就是说不清楚，我虽然生长在粤剧的环境里面，但是一点学习的兴趣都没有，我以为自己对戏曲没有兴趣，但是当我遇到昆曲之后，一切都改变了。

2005年开始第一次接触昆曲，是在澳门文化局艺术节的开幕式上。白先勇老师带着他久负盛名的"青春版"《牡丹亭》来到澳门，连演三天。我当时就被这种极致的中国古典艺术直击灵魂！这么美的唱词，这么美的动作和舞台，还有这么美的追寻爱情的故事。

像辛弃疾的词里："我看青山多妩媚，料青山看我应如是。"就是那种彼此看对眼的缘分，后来我学戏后听到老师说，这在戏行里叫作"老天爷赏饭吃"。

10年以后，我再遇见白先勇老师，和他一起看戏。当时我学习昆曲已经有三四年了，我就告诉白先勇老师，其实我去学昆曲，完全是因为看了他的"青春版"《牡丹亭》。白先勇老师知道以后非常开心。

"你是我在澳门种下的一颗昆曲的种子，到今天终于发芽了。"每当想起白老师的话，还有我多位老师的殷殷期望，对于昆曲，对于推广中国传统文化，我仿佛得到了一种一往无前的使命感。

学曲难,难于上青天

如果想要寻找那类年少成名的文艺界"成功学"映像,我显然不是个合适的对象。我没有任何戏曲或者声乐训练的背景,我是个传播学博士,也是一个传媒公司的老板,过着和大多数人一样忙碌的加班生活。我的日常生活,甚至看起来和昆曲的雅致和娴静,完全是另外一个极端。我拥有澳门最领先的奢侈品公关公司,每天穿梭于酒店、名店,开口闭口劳力士香奈儿,风风火火闯荡江湖。以至于很多人第一次知道我学习昆曲,而且唱得不错的时候,都表示难以置信。

他们很难想象我这样每天出入衣香鬓影场合、口讲流利英文的女子,骨子里其实是个非常喜欢传统文化的文艺女青年。又或者他们认为我这种外表似ABC(出生于美国的中国人),甚至以为我连中文都讲不好的年轻人,怎么可能潜下心来,学习这一门古老的艺术。

但世间的事情,其实就是矛盾的大型"打脸"现场。就像《牡丹亭》里的唱词:"情不知所起,一往而深。"2005年看过《牡丹亭》之后,我对于昆曲的喜爱,自埋下以后就从未褪色泯灭,而是深藏在心中不为人道的位置,一有响动就伺机爆发。

作为土生土长的粤语区人,又误打误撞爱上了昆曲,我要入门所面临的困难远比江浙人大得多。而学戏之初,在澳门一带又没有能请教的导师,这是我面临的不小的难题。机缘之下,我认识了我的恩师——南京戏曲名家、国家一级演员裘彩萍,并在她的网络课堂学习唱腔。虽然是网络课堂,但是老师对于弟子的严格要求,却是一点都没有松懈。

广东人学昆曲……其实是有点"蚀底"（吃亏）的。像重新学了一门外语一样，因为它不单单是江浙话，还是明代的江浙话……广东人学昆曲，首先就要克服咬字的困难，就像从头开始学说话一样。

在网络课堂里，老师对学员的发音咬字进行一对一的指导。从最基础的工尺谱学起，再到气音、尖音、团音的逐个纠正……光是唱腔，我跟着裘老师每周在网上视频上课足足三年。在老师的鼓励下我参加了首届"牡丹亭"杯全国昆曲曲友大赛，一举摘下铜奖，成为了首位获得全国性昆曲奖项的澳门人。

我是有史以来第一个参与国内昆曲大赛并且获得奖项的澳门人。当时评委老师的特长评语很能概括我得奖的原因，他们说："你一个澳门人能把昆曲唱得这样精准，唱得这样好，我真佩服你，我们可不能把粤曲唱得这样好！"

只要有恒心，笨鸟也能飞

对于业余昆曲爱好者来说，这已经是令人相当满足的成果，但我并没有停步。线上的课程已经不能满足需求，我更希望自己不要拿着个"咪"（麦克风）站着唱。我学昆曲其中一个动力，就是看了《牡丹亭》其中一个唱段"游园"（皂罗袍）的那一段杜丽娘和春香的双人舞，有对称，又有每个人的特色，非常好看，我也渴望自己有朝一日可以跳这样的舞蹈、做这样的身段。

于是我找到了香港的名家、梅花奖得奖者邢金沙，在其门下学习身段。每周从澳门到香港，舟车劳顿、风雨无阻。在看似缓慢的学习之路背后，赖以支撑的是成年人的高度自律、满腔热情与持之以恒的决心。

为什么坚持，想一想最初

在澳门，其实学习中华文化的人颇多，但是学习昆曲的确是相对小众，一直以来，真正能唱能演的，只有我一个闺门旦。今年是澳门回归祖国20周年，多家媒体都来访问我为什么要学昆曲？

当问及有什么让我觉得骄傲的事情时，我总回答，第一件最让自己骄傲的事情是"能学昆曲到今时今日还不放弃，我已经非常骄傲了！我爸说过我学东西学得很快，但是总是很快就放弃了，能学到今天自己已经觉得很厉害了。"

"第二件就是，去年我有机会在塞浦路斯演出，总共演了三场，一场是给市民大众看的，在首都的一个中心台。另外一场是特别演给总统看的。我觉得能在塞浦路斯演出昆曲，是一个非常荣幸的事儿。我还遇见了几个移民到塞浦路斯那边定居的中国人，他们说从来没有在塞浦路斯看到有人演昆曲，所以觉得非常感动，听了他们话我也非常感动。"

澳门人上央视唱京剧

要知道上央视戏曲晚会演出的人是在每个省、市、区里重重筛选出来的。我能代表澳门人上央视戏曲晚会，觉得非常非常荣幸！

2019年元宵节，身为澳门中华昆曲文化协会会长的我，联

有一种说法，昆曲的美，美在指尖：遥指远方，便成巍峨群山；轻点近处，便观荡漾碧波。我花了七年的时间，从观众变成台上的演员，由欣赏到自己演上戏，到身体力行传承昆曲的美好。（摄影：施夏明）

同香港代表月琴大师雷群安、京胡大师刘铁山以及梅派宗师梅葆玖弟子白金，于戏曲晚会登场献唱梅派的经典京剧歌曲《梨花颂》。这是第一次有澳门代表出席戏曲晚会，在北京主会场演出。

能登上央视舞台演出，是许多艺术家梦寐以求的机会和一生追求。这次机会一来感谢国家对澳门青年的关爱，二来要感谢央视指导和给予机会。今次作为首位在央视戏曲晚会献唱京剧的澳门人，与多位大师联合献艺，共同打造一档高水平高规格的艺术演出，甚为荣幸。中华昆曲文化协会也致力于向本澳年轻人推广中国传统艺术，为澳门的京昆戏曲普及贡献力量。

澳门与《牡丹亭》的神奇缘分

如何寻找让严肃艺术重新焕发生机的流行通道？如何完成古典戏剧在当代语境中的转换？当代人或许远比想象中更懂得选择。我们昆曲界的很多长辈、专业的演出团队还有演员，其实一直在做很多的尝试。像我的老师所属的团（即江苏省昆剧团），他们就有一些新的戏，比如《醉心花》，说的是"中国版罗密欧与朱丽叶"的故事，这个故事整体都是新鲜的。他们找专家来谱曲填词，很有古典的味道，这个就是我们做的一些新的尝试。又比如说，让昆曲跟现代歌曲一起同台演出。

我自己也尝试用自己的力量去让这门古老的艺术焕发新生，幸运的是我得到了澳门特区政府的大力支持。

大家知道有"东方莎士比亚"之称、《牡丹亭》的作者汤显祖来过澳门吗？原来，澳门这个小城是真的和昆曲很有缘分。

澳门、岭南文化与昆曲经典剧目——《牡丹亭》以及其作者汤显祖，有极深的渊源。汤显祖来过广州、来过澳门采风，而他正是在中西方文化的冲击下写出这不朽传奇。《牡丹亭》是有史以来第一部把西方人物和商品搬上中国戏剧舞台的戏曲，也是第一部正式展现澳门风貌的戏曲。剧中人物的活动和对白，反映了当时澳门港的贸易繁荣兴旺，以及西方文化传入的景象，因此《牡丹亭》是最早吸纳汇集了西方文化的文学作品。

2019年，我结合自己的经验，也考据过所有汤显祖来过澳门的历史数据，创作出——澳门光影世遗版《牡丹亭》昆剧，希望能把澳门的故事和《牡丹亭》的故事结合，创作出全新的、科技和艺术融合的新昆剧，为昆曲文化注入新鲜血液。

感谢国家对澳门年轻人的支持和鼓励，让我能登上2019年新春的央视舞台，和月琴大师雷群安老师合作一曲《梨花颂》。

全剧分为上下本共八折，参考经典话剧《暗恋桃花源》的现实与故事交错的编剧手法，把汤显祖来澳门游历的现实部分，和他创作的《牡丹亭》故事相互穿插。汤显祖的部分，以类似光影大三巴的科技新媒体形式呈现，《牡丹亭》故事部分保留最原汁原味的昆剧形式，汤显祖笔下的"天下第一有情人"杜丽娘因梦生情，一往而深，上天下地，终于返回人间，与柳生梦梅结成连理。

一次澳门"自由行"，充分放逐心灵，给官场失意的汤显祖带来一些安慰。上帝在关上一道门之后，为汤显祖打开了一扇窗。7年后经典传世之作《牡丹亭》诞生，其中他三写澳门，可见这里的秀丽、奇异及华洋杂处之风使其倾心难忘。如此看来，汤显祖遭贬可谓因祸得福，使这位文学巨匠有了一次富有意义的中西文化交流的实践体验。

昆曲是我的底气所在

我其实是一个很心急的人，在日常的工作和项目里都赶得很急。但是昆曲又是一个极慢极慢的东西，它唱的是水磨腔，你必须有足够的耐性去学、去唱。我刚学昆曲的时候经常抢拍，音乐还没起就已经唱了出来。它教会我千万不能急，不要太心急。学昆曲让我慢慢找到了一个平衡，学会了什么时候该快，什么时候该有耐心。

学习昆曲多年，这门古老的艺术带给我的是一种信心和文化底蕴。"我会唱昆曲"——这句话不只是形容自己会一门艺术，其实更是多年以来学习之路道阻且长、仍然坚持不放弃的自豪。

由最初自己出钱出力推广昆曲，到今天有政府的支持；由最初我身边的所有亲朋好友都不知道昆曲是什么，到今天我们澳门中华昆曲协会拥有60多个年轻会员。就像白先勇老师种下了颗种子，然后我再去播下很多种子一样。这是我的荣幸，也是我的使命所在。

白先勇老师的青春版《牡丹亭》是我学昆曲的机缘，他说，我是他种在澳门的一个昆曲种子，现在终于发芽了。

东亚运与世遗城区——澳门走向世界的两张名片

2005年是澳门非常重要的一年，在回归6年里储足的能量，在这一年得到了一次集中式的爆发。现在我们经常说澳门是一个国际化的旅游城市，其实"国际化"这个词在2005年以前我们根本不敢讲。我小时候的澳门其实是一个人口不多、非常纯朴的小城市，在我心里面其实和广州周边的城市差不多。真正让我意识到，我们是一个国际化城市，是在2005这一年。这一年我们发生了两件具世界影响力的大事，从此以后，当我们为自己城市冠上"国际化"这个形容词的时候，心里就多了一分底气。

2005年7月15日联合国教科文组织第29届世界遗产委员会会议上，"澳门历史城区"获得21个成员国全体一致通过，正式被列入《世界文化遗产名录》，为中国第31处世界遗产。同年10月29日至11月6日第四届东亚运动会在澳门举行，历时共9天。东亚运动会是澳门首次承办的运动会，也是"一个班子，三个品牌"中的第一个"品牌"（另外两个分别为2006年第一届葡语系运动会及2007年第二届亚洲室内运动会）。

东亚运动会——全民大行动

我对东亚运动会特别有感情，因为这和我出来社会的第一份工作有关。对于一个刚刚毕业的大学生，能够投身于这样一个国际高标准的运动会组织机构，是一个千载难逢的机会。事隔15年，当年第一天面试的情景仍历历在目；为运动会开幕式指挥票房的情形犹在昨日；对每一个运动场馆依然非常熟悉，因为每个场馆都留下过我不少汗水；看到吉祥物"柏柏"时，我还会想起有100只"柏柏"堆我身后那间房的情景！如果时间可以重来，我一定会再次选择投身于这个运动会，成为其中一员，重新体验一下当年整个澳门热火朝天的盛况。

刚刚回归后的澳门，不像现在这样有丰富的组织和国际接待经验。为了更灵活地组织赛事，澳门特区体育发展局向特区政府其他部门借调人员和对外招聘，2003年组成了第四届东亚运动会澳门组织委员会，这是一家半政府半公司化的机构。2004年末，我还没有大学毕业的时候，看见运动会组委会正在大量招聘人手。当时的起薪点非常高，大学毕业生没有经验起薪点也有一万澳门元，当时整个社会平均薪金水平只是六千至七千元，所以这个起薪点简直是有致命吸引力；加上能参与国际化大型赛事的组织，因此非常多澳门社会有能之士积极投身于此次活动。

由于我有市场学的经验，拿过好几个广告大赛的奖项，于是便在众求职者之中脱颖而出，有幸进入了运动会组委会市场部，负责协助上司制定各种市场策略。初入职，最深刻的印象就是公司有许多来自世界各地的工作人员，真的非常国际化，比如我的顶头上司，就是一个葡萄牙的律师；各个部门还有澳门土生葡人，还有从欧洲远道而来、精通拉丁文和意大利文的同事，简直令我有种进入了硅谷工作的感觉。

这个运动会，锻炼了澳门人举办大型活动的经验，也调动了澳门人参与志愿工作的积极性。我由2004年入职开始，一直负责志愿工作者的招募和分配，大量的澳门本地人和在澳门读书的内地大学生，似潮水一般涌入。他们有家庭主妇、老师、医生，各个行业的专业人士，还有许多可以灵活调度时间的企业老板，还有大量中学生、大学生，都非常积极地登记成为志愿者。当时只有50万人口的澳门，却有8000多名志愿者，为这个有1919名运动员参加的东亚最大体育赛事贡献力量。

在赛事那几天，我负责巡视由义工负责的全澳10多个票房，以及开幕式上接近100名义工的调度，有很多义工还开着自己的车为运动会运送物资，非常齐心。那时我也只不过是个20岁出头的年轻人，忽然有将近500名票务车务场务的义工在手里，不禁有一种10万禁军教头的自豪感！他们诚心诚意地为这个城市付出自己的一份力量，尽心尽责地守在每一个岗位，不求回报。

东亚运动会的举办，为澳门带来许多个国际级的运动新场馆，例如澳门大球场、有"澳门蛋"之称的澳门东亚运动会体育馆，还有保龄球馆、澳门游泳馆、射箭馆、足球场，等等，都是为这一次赛事而建。凭借此赛事，从此之后澳门就有非常多的国际标准场馆可以使用。相比起普通市民，我对这些场馆其实充满了感情，因为里面有我将近3年的美好回忆。

赛事的开幕式放在澳门大球场，为了确保在每一张卖出去的门票对应的座位上，都能清晰地看到整个表演的效果而不被遮挡，我们团队在上司的带领下，各自分开区域，手上拿着一张座位表，每个位置坐一下，然后看一看舞台，可以看到的话打个钩。我到现在还记得，那天下午的太阳很猛，我们在烈日下像傻子一样一张一张凳坐一下，两个多小时之后，我们几个就像从水里捞出来的炭一样，又湿又黑。但我们也毫无怨言！大家有一个共同的目标，就是"虽然我们无经验，但係唔可以衰比人哋睇！（事情要做好，不能让人笑话）能够做的，我们什么都愿意做！"

整个东亚运动会的全职人手只有200左右，从零到盛事绽放，大至每天每个赛事的顺利举行，细致至每个运动员每一天的膳食；大至时任国务院副总理吴仪为活动揭幕，小至每一张门票的出售，我们这群人都为活动倾注了自己所有的能力。大战在即，我的顶头上司因为长时间加班，在走道上晕倒；我因为组织活动声嘶力竭而声带生息肉需要做手术。到14年后的今天，我和当时的整个市场部和票务部团队，还有合作最紧密的几个义工，成为好像亲人一样的好朋友，这就是传说中的革命友谊。

东亚运动会开幕式的那一天，烟花盛放，照亮了整个澳门夜空，从此之后，我们就是一个全民都受过国际大事熏陶的城市。就像北京举办过奥运，我们每个市民都可以挺起胸膛，告诉别人，我们这个当时只有50万人口的小城市，也是可以担大任的。

世遗历史城区——一张国际的名片

能够与澳门蜚声国际的娱乐事业比肩、作为澳门多元文化的另一面展现、令我们的文化自信有了很大转折点的，就是2005年被世界教科文组织列入《世界文化遗产名录》的历史城区。从此之后，我们可以理直气壮地告诉那些有刻板印象的人："澳门是个中西文化交融之地，不是只有赌博！"

澳门历史城区是由22座位于澳门半岛区域的建筑物和相邻的8块前地所组成、以旧城区为核心的历史街区。要注意，不论是中国其他地区或者世界上许多被成功列入《世界文化遗产名录》的文化名胜景点，都只是一个单体的景点，例如长城、巴黎铁塔等。

但我们不一样，澳门历史城区是整片城区，不是一个单体的建筑。澳门历史城区是中国境内现存年代最古老、规模最大、保存最完整和最集中的东西方风格共存建筑群。这种建筑与建筑、文化与文化之间的交汇和共融，才最扣人心弦。

在申遗之前，或者它们只是我们上学、上班每天必经的一个漂亮的古老建筑群，就像我上学一定会经过西洋坟场，那里有非常漂亮的浅绿色围墙，里面有很多墓碑都是精美的雕塑，有很多同学到里面温习，图个清静。直至它成为世界级文化遗产，我们才知道自己身边有这么大的珍贵宝藏，不，是我们一直生活在这个珍贵宝藏之中。

整片历史城区，包括中国最古老的教堂遗址——大三巴遗址；中国现存最古老且保存完整的修道院——圣若瑟修院；中国最早的一批天主教堂建筑，同样是中国现存最古老的教堂建筑——圣老楞佐教堂、圣奥斯定教堂和玫瑰堂；中国最古老的基督教坟场——白鸽巢公园基督教坟场；中国最古老的西式炮台建筑群——大炮台；中国第一座西式剧院——岗顶剧院；中国第一座现代化灯塔——东望洋灯塔；中国第一所西式大学——圣保禄大学。

城区见证了澳门400多年来中华文化与西方文化互相交流、多元共存的历史。正因为中西文化共融，城区当中的大部分建筑都具有中西合璧的特色，而且城区内的建筑大部分至今仍被完好地保存着或仍保持着原有的功能。

世界遗产委员会对澳门历史城区的评价是："见证了西方宗教文化在中国以至远东地区的发展，也见证了向西方传播中国民间宗教的历史渊源""是中国现存最古老的西式建筑遗产，是东西方建筑艺术的综合体现"。由此可见，澳门历史城区是中国境内接触近代西方器物与文化最早、最多、最重要的地方，同时是近代西方建筑传入中国的第一站。正如首任澳门特别行政区行政长官何厚铧在申请成功后发表的即时书面讲话指出：澳门特区从此列入联合国教科文组织世遗名录，意义重大深远。

越深入去了解澳门的历史，你越能明白为什么这种文化交融，只能发生在这里，发生在这个以前看来毫不起眼的城市。葡萄牙人一直想把澳门建设成为远东的"天主教圣名之城"，中国人一直希望在纷扰的历史变化之中保留自己的风俗与信仰，于是，我们就有了大三巴身后就是哪吒庙的奇异景象。文化交融和并存，而且互相影响，这就是我们经常说的中西文化交融。

2005年申遗成功，让澳门人重新审视自己身边，重新发掘自己所在的城市有无限的文化宝藏。我们常常说澳门是个莲花福地，由于没有经过战乱，澳门人对老事物的人情味、种种社会风俗令我们一直对文物大为珍惜，这些几百年的建筑，这些中国之最，都得到了非常完好的保护。就像在历史城区中我最喜欢的岗顶剧院，以前是旅居澳门的葡萄牙人交际和文化娱乐生活的聚集地，到今天，它仍旧像绿宝石一样屹立在岗顶的最高处，仍然几百年如一日为这个城市的居民，提供着各种演出和文化交流平台。

有时坐在岗顶剧院里面看歌剧,我会幻想自己穿越到200多年前,坐在同一地方,看这里上演远东有史以来第一部西式歌剧——普契尼《蝴蝶夫人》的光景。过去是不是和今天并没有什么分别,大家也是同样衣香鬓影,乐也融融?

几百年的时光,烟波浩荡,岁月好像忘记了澳门这个城市,看着这些旧城和老建筑,仿佛其实这几百年就如弹指瞬间。

说起澳门世遗历史城区,大家一般会想起大三巴牌坊。有趣的是,"大三巴"其实根本不是一个牌坊,是圣保禄教堂正面前壁的遗址。圣保禄教堂附属于圣保禄学院,该学院于1594年成立,是远东地区第一所西式大学,由其培养的传教士,除到日本、中国外,还到越南、泰国、柬埔寨等地传教。1835年,一场大火烧毁了圣保禄学院及其附属的教堂,仅剩下教堂的正面前壁,自此之后,这里便成为世界闻名的圣保禄教堂遗址。本地人因教堂前壁形似中国传统牌坊,将之称为"大三巴牌坊"。(摄影:何阳)

◆ 2006

悲剧人物欧文龙

澳门是个小城市，给我的感觉一直都是很安宁。但澳门也藏了很多风云人物，2006年欧文龙在澳门特区政府运输工务司司长的位置上被立案逮捕，这让我非常震惊的。这也是我知道的第一个高级的澳门特区政府官员被拉下马。虽然这案件到2012年才正式判决，但仍然不及当初宣布逮捕时，给刚刚踏足社会的我，那么印象深刻。

关于整个事件，坊间自然有很多传闻，把这些传闻串联起来，必然又是一部剧情紧凑的警匪片。

例如，有人说行动当晚，廉政专员直接到澳门文化中心综合剧院庆祝澳门回归的京剧《杨门女将》演出现场，将有关行动报告给首任澳门特别行政区行政长官何厚铧，从而获得批准，然后就马上将欧文龙拘捕并搜查其官邸，翌日凌晨二时欧文龙被押走，行动非常紧凑。

又有人说，欧文龙案发前涉嫌在香港股市抛售超过10亿元股票，以致中国移动股价大跌，而恒生指数当天也因此下挫184点。

欧文龙的故事是一个澳门故事。从出生到入狱，除了1978年到1982年共4年在台北的求学经历，欧文龙没有离开过这个"赌城"。有人希望欧文龙只是澳门的一个意外和例外，因为他的案情是如此让人难堪。

如果不是这个结局，他的"奋斗"故事应该还算励志的。他本是洋服店老板的儿子，他父亲的生意因为接到赌场员工制服订单而得以扩大——当然，在2002年前，澳门的赌场老板只有一个。

欧文龙在其公开的履历中，似乎从未提及他年轻时曾在"澳娱"旗下赌场工作的一段历史。但据一名澳门资深博彩业人士向香港传媒透露，在去台湾读大学前，中学毕业生欧文龙曾经在赌场的外账房工作。该人士说明，当年的赌场账房分内、外账房，内账房的职员多为娱乐公司股东的亲信，外账房的职员也必须是忠诚可靠的人，这段职业经历也许能反映欧家在赌场的人脉关系。

但传闻和揣测也许可以忽略不计，因为澳门本就只是一个小城，回归之初只有40万人口，现在加上外劳人员也刚过60万，几乎任何两个人之间都能找到一些私人的联系。每当说起澳门的公共事务，澳门人就会加一句：你知道吗，澳门太小了。澳门特区立法会议员欧安利就说过，鉴于澳门的微型社会体系，不宜采取与香港相同的特区政府官员监察制度。

欧文龙案件，涉及面广、数额巨大、影响深远，对于当时的澳门来说，确实有着不小的打击。但也因为这个案件，许多人才真正开始反思——如果说后来的"天鸽事件"是澳门人对管治关注度、政治敏感度提升的关键节点，那么"欧文龙案"则是他们在早期对管治关注度、政治敏感度的启蒙。

但在我看来，虽然大部分情况下，腐败问题是对管治阶层最严峻的打击，但在澳门，这却不是市民对管治阶层最关注的问题。就算在欧文龙案件之后，还是有发生其他的腐败案件，这些案件除了增加市民口中的谈资之外，很多时候都觉得距离自己很远。

一部分原因是澳门的人口少、圈子小，大家不太愿意公开表露对某一个人的意见（除了特首）；另一部分原因是，比起不常见的腐败案件，大家其实更关注的是管治阶层的发展规划和工作效率。

按照2017年9月的统计，全澳门有公务员3万多人，绝对是个"大团体"，甚至是某些政治人物的拉拢对象。然而从多个事件结合来看，却发现公务员其实也是"弱势群体"，因为时不时就有"人手不足"的情况发生。

与之相反的是，很多市民均抱怨过公共机构效率低，工作人员不作为。当然不能一竹篙打死一船人，但是我们仍然不时见到一些关于公务员行政失当的案件，尤其是欧文龙案之后，廉政公署对政府部门各种问题，每年都会整理汇报。

在廉政公署反映的各种问题中，很多评论都分析得出，澳门公务员的所谓"人手不足"，大部分是因为机制内的"天与地"差别，这个差别造成了澳门公共机构效率低、智慧低的情况。这个差别，即是"同工不同待遇"的问题，早些时候已经有媒体报道过。所谓的"实位"机制，也是澳门公务员机制最大的特权，也造成了公务员体制内的重大分化。除此之外，"实位"公务员相当于内地在20世纪80年代的"铁饭碗"，这完全不符合今时今日任何岗位都强调"责任到人"的要求。反而是"合同公务员"，由于一些待遇上的差异，屡屡打击士气。例如合同公务员如要进修，必须辞职，而编制内的"实位"公务员，则可获无薪假；又如合同公务员在晋升时，不能保有原职位年资，而且合同公务员即使表现出色，也不能直接转入编制，除非放弃原有的待遇，重新考试。

有澳门的议员就认为，若大量以合同方式聘用公职人员，实际上是把本应属于"实位"的公职职位合同化，对公共行政人员编制的科学性必然带来持续冲击，因此未来公职招聘中，应当确保"实位"而避免合同化。

目前澳门经济发展定位逐渐明晰，制定了首个五年发展规划，对于公共行政架构和人员配置，过去一些临时性的职位，现在可能要长期化，一些新增的服务，亦可能要恒常化，针对这些变化，澳门特区政府其实应当有一个清晰的认知和定位。

我非常赞同这些议员的建议，公务员尤其是一线公务员，是澳门发展的核心动力之一。理应善待一线公务员和规范管理机制，在未来公职招聘中，一些可以确定为"实位"的，应当确保其以"实位"形式聘任，避免合同化。也可以考虑研究设定特定遴选机制，直接将现有合同制公职人员纳入编制内。一些工作时间长、经验丰富、工作熟悉的编制外合同人员是很宝贵的人力资源，对于优化公职队伍人员编制，其实他们是很重要的可选择对象。

让公务员得到公平的待遇，也提高对他们的素质要求和工作效率要求，才有机会降低政府部门中出现贪腐问题的可能性。

老澳门才有的老船厂

往往有好朋友来澳门玩，我都会带他们去一些"老澳门"才知道的神秘去处，一尝"寻幽探秘"的快感。"烂船厂"是其中一个我最爱去的地方，原因有三个，一是地处偏僻，很少人会去而且要开车才能去，普通打的者未必知道；二是这里景色非常特别，我相信是世界上少有的，朋友们去到都大呼开眼界；第三是因为这里有隐世美食，而且特别有老澳门风情。

令人缅怀的荔枝碗船厂

传说中的"烂船厂",其实就是路环的"荔枝碗"。

荔枝碗是澳门路环的一个旧村,由市中心开车去,要花近40分钟,而且它的入口隐藏在一片工厂之中,不是本地人根本不会留意。这个村到现在还是有村民住在蓝黄相间的铁皮屋里,过着一些鸡犬相闻的慢日子。村西有一个天然海湾,地形如碗,据说以前种了好多荔枝树,所以被称为"荔枝碗";还有另外一种说法就是,早年这里驻有黑兵,引进种植了番荔枝,加上地形如碗,所以叫"荔枝碗"。

来到这里,最神奇的景观,就是三个巨大的、空洞的废弃造船厂。破旧的船厂巨型钢框仍屹立在水中,乱草和海洋共生,大大小小的木块散落一地。就算白天阳光正好的时候,来到这里,也感觉一股阴森气息,但也有一种残存的美。

从我记事开始,这里就长这个样子。澳门造船业曾经是盛极一时的支柱产业,但其鼎盛的样子如今只存在于老照片里,现在能看到的荔枝碗船厂区就是澳门重要的工业遗址了。

澳门原来也有过大船厂

20世纪60~70年代,澳门是邻近地区主要的木船生产基地,除了船厂,还包括其他与造船相关的工业厂房。20世纪90年代初,澳门特区政府重建道路网,大规模填海造地,导致半岛上的林茂塘至筷子基一带10多家船厂被迫停业,澳门造船能力大减,造船基地也由半岛转移至路环,令荔枝碗一带的船厂兴盛一时。

由于荔枝碗村曾经以造船行业为主要产业,所以很多村民都是造船工人及其家属,那里渐渐形成一个独特的小小区,与路环旧市区很相似。

随着时代变迁、城市发展,造船业没落,荔枝碗的船厂渐渐停工,工人只好另觅生计,不少家庭回归市区生活,荔枝碗村人口也逐渐减少。如今行走在村落中,只可以见到一座座"人去楼空"的船厂。

2006年,荔枝碗最后一家船厂——义合船厂搬迁至中山后,宣告澳门的造船业正式落幕。船厂的废弃也引发了社会各界的思考,时至今日,关于荔枝碗文化保育的问题仍然是政府与民间非常关注的话题。

澳门造船业的前世今生

其实,澳门的造船历史可以追溯到400年前。早在17世纪初,澳门就与日本开展老闸船(Lorcha)的贸易。当时,澳门的造船技术主要源自广东新会、中山、东莞和番禺等地,葡萄牙人进行再改良设计后,老闸船成为了澳门本地独有的帆船。

到了19世纪中叶,中国沿海航运走向繁荣,本地造船厂生产船只作为渔船、商船及客船,澳葡政府所生产的船只被中国和葡萄牙商船雇为护卫舰,为澳门造船业带来发展机遇。

1884年,澳葡政府已设有一座能提供维修服务的小型船坞,并于20世纪90年代初迁至妈阁,以后不断扩充规模。因应本地造船业的发展,华人造船工人早在1854年就设立"工羡行会馆",即造船工会,可见当时行业已有相当规模。

民国初年,澳门造船业因内港淤塞而经历了严重打击,直

荔枝碗船厂区如今是澳门重要的工业遗址。这是一张很珍贵的相片,可以看出造船业是澳门盛极一时的支柱产业。

到20世纪20年代随着内港整治及填海工程竣工才渐渐恢复,当时澳葡政府在青洲和筷子基重建造船厂区,希望支持本地渔业的发展。最繁盛的时候,澳门半岛共有36家造船厂,氹仔和路环共有7家。造船业的盛况也带动本地木行和其他辅助行业的发展。

20世纪中叶,本地造船业仍然相当蓬勃,当时的造船厂不仅设在提督马路沿岸,也有不少开设在路环荔枝碗。到了20世纪60,70年代,澳门成为华南地区首屈一指的造船之地,当时澳门所制造的船只可谓享负盛名,香港著名的观光帆船"鸭灵号"便是那时候的作品。

20世纪80年代中,澳门造船业开始因为本土渔业没落及内地同业竞争,订单不断减少。回归后,荔枝碗的造船厂几乎已经停工,只留下工业遗迹供人们凭吊这行业昔日的辉煌。

亟待传承的澳门造船文化

这么好的一个地方,还有这么多前世今生的故事,澳门人一直很希望把荔枝碗活化。2012年,澳门特区政府公开提出翻修造船厂的意向。项目大致包括建立造船厂建筑展区、计划整合及协调造船厂场地与周边环境,以及将造船厂区域打造成为多功能休闲文化旅游区等。除此之外,在这里建造户外餐饮零售休闲区也在计划之中。

遗憾的是,虽然相关部门一直在敦促该区域革新,但是相关土地执照持有者们并没有按照政策法规去执行,进而造成船厂的持续分崩离析。最终,澳门特别行政区土地工务运输局城市规划部门和海事及水务局对废旧船厂进行了联合评估,为确保该地区居民和游客的安全，要求政府将船厂查封，之后，澳门特别行政区政府宣布于2017年3月初彻底拆除荔枝碗造船厂。

2017年3月，相关部门开始拆除位于路环的11处相关废弃造船厂，但却没有得到民意的支持。在公众压力下，2017年4月，澳门特别行政区政府停止销毁位于路环西南部的废弃造船厂。

政府提出了两个发展方向：不仅要及时启动针对旧船厂的维修工作方案，而且还建议申请将其列入联合国教科文组织文化遗产名单。废弃的造船厂也有望被改造成为一个"造船博物馆"，并在现场设立工作坊，以吸引更多的游客前来亲身体验和了解其中的历史文化。

近两年来，关于荔枝碗保育的新闻时有报道，不少保育人士倡议保留船厂，也提出了不少建议，但是政府的规划却迟迟没有落实。

我们《大湾区青年报》曾经采访过澳门最后一家船厂——义合船厂的后人，23岁的黄嘉伟。2006年，义合船厂由澳门荔枝碗搬到内地中山市，当时他还是一个小朋友，现在长大了开始接手船厂的经营，也萌发了保护荔枝碗、传承澳门造船文化的念头。

今年，他和几位澳门土生土长的青年朋友一起推出了一个以荔枝碗造船文化保育为初衷的创业项目，叫"义合文创"，并参加了"2019大湾区（澳门）青年创新创业大赛决赛"，最终获得了冠军。

这班年轻人希望"义合文创"项目能够在荔枝碗落地，建一座造船文化博物馆，同时效法台湾打造一条文创街，让市民和游客能感受到澳门造船业曾经的繁荣。大家可能不大清楚，其实香港维多利亚港的"张保仔号""大张保号"都是义合船厂打造的。所以，在黄嘉伟看来，澳门有非常好的条件发展海上旅游，荔枝碗造船文化完全可以打造成为一个澳门旅游的亮点。

其实荔枝碗附近自然环境非常好，适合休闲旅游。如果政府真的可以做好规划，将荔枝碗盘活，令澳门的造船文化得到更好的传承，相信好多人都乐见其成。我曾经有个梦想，就是在荔枝碗附近的路环海边，买一座旧宅，让自己在忙碌之余可以有个安静的地方思考（发呆），面朝大海，坐看云卷云舒、花开花落……

只存在于老照片里的荔枝碗船厂区（摄影：陈显耀）

当原始小店变成"网红"

看完"烂船厂",我必定会带朋友去旁边的"网红店"——"汉记咖啡"(Hon Kee Coffee)坐坐。这家在半露着破旧的铁皮屋里的小店,从前人迹罕至,只有附近的村民和巡逻的警察会偶尔在这里坐坐喝杯咖啡。我记得小时候,只有周末我家人才会开车来这里,当是郊游的一大项目。那时觉得路途好遥远呀,开过两条大桥(那时金光大道还是海里的一条桥)才能到,想不到,今时今日,这里成了路环一景,许多游客网红必定到此一游,品尝澳门拙朴原始的风味。如今此处周末人山人海,和以前的清静相比有翻天覆地的变化。

但尽管成了网红店,汉记还是没有因为这一变化而改变自己一丁点,这就是澳门人的特色。铁皮屋在下雨时还是会漏水,长条凳和铁皮桌用了几十年,食物还是一样,只有公仔面,以及最简单的煎蛋、煎午餐肉和罐头鱼。

许多朋友开始都会觉得好奇怪,为什么我要"山长水远"带他们来这里食公仔面和罐头鱼!其实这罐头鱼大有来历,这小小的红色扁铁盒的罐头鱼,是一种十分有名的葡萄牙牌子沙丁鱼,上面印有一个外国老人的样子,所以澳门人都亲切地叫它作"老人头牌沙丁鱼"。葡萄牙盛产此物,他们喜欢把罐头鱼用橄榄油腌制、入罐。黄色盒的是原味,红色盒的是辣味。澳门人喜欢把它夹在三文治里面吃,叫"辣鱼治";放在公仔面里面吃,叫"辣鱼公",完全是由小吃到大的味道。

除了原始的食物,店主梁汉金还有一个独门秘技,就是店门大字招牌的——"手打咖啡"。平日我们喝的咖啡是用机器打泡变得软滑,而"汉记",则有老板的"摩打手"!老板梁生用一双快速又巨力的手,把咖啡打得超顺滑,来这里坐,无论冷热人手一杯,打咖啡的当当声不绝于耳,真的非常神奇!

梁生是一名造船工人,因为受了伤不能继续做,所以转行开了这家店,专门向附近的造船工人和出海打鱼的渔夫出售咖啡和面包。做了几十年,没想到在造船业式微的当下,反而取得令人难以想象的成功,经常有老主顾和游客来到这里怀旧,令他的"手打咖啡"远近驰名。

♦ 2007

逆流而上，坐看风起云涌

2007年，标志着澳门博彩业起飞，地标性娱乐综合度假村——威尼斯人酒店正式落成启用。当保安打开大门的一刹那，几万名在外面排队的本地人和旅客蜂拥而至，几近要"逼爆"（挤破）来不及打开的玻璃大门。从此，随着六大赌牌多家巨型酒店度假村建立，澳门赌博收入犹如野马脱缰，飞速增长。

那一晚，威尼斯人酒店上方的夜空，烟火和射灯，把天空照得比白昼还要明亮。而我当时是一家澳门小杂志的主编，由于微不足道，连酒店开幕的采访证都没有申请到，只好在隔了一条大马路的对面（现在的喜来登酒店，当时还是个未开建工地），羡慕地看着这一夜的烟火璀璨。

我做梦也没有想到，时至2016年，澳门巴黎人开幕，我会身穿明艳的晚礼服，坐在威尼斯人所属的金沙集团董事会主席萧登·艾德森和金沙中国有限公司总裁王英伟身边，一起抬头，笑看"巴黎铁塔"上，同样把天空照得比白昼还要明亮的烟火。我笑着和王博士说："为了坐在这个位置，我努力了九年。"

他笑着说："你长大了。"

逆流而上，才能找到光明

我爸做了一辈子生意，他说，只要做生意才有生机；我妈却想我当个公务员，无灾无难到公卿。前文说过，我的第一份工作是在东亚运动会组委会，属于半政府机构，工资高福利好人人羡慕。但我不甘心，运动会组委会也算是半个政府机构，很多事情决策冗长而无意义，感觉很受限制。加上做完三个运动会之后，政府解散公司，会把我们分配回各个政府部门。或者这是一个成为人人艳羡的"政府工"的捷径，但这不是我的，"正苦工唔啱我"（我不适合在政府部门工作），我希望能做更有意义、更合适自己的事。

发挥爱拼敢干的白羊女精神，顶着家庭压力，我毅然辞去了自己稳定的工作，到了好友的创业公司，做了两年，直至2009年金融风暴，杂志做不下去。有句话说："你想害一个人，就叫他办报做杂志。"当时还未流行脸书（Facebook），更加没有微信，澳门人看本地信息，只能偶尔在 *U Magazine* 里面看到澳门的信息。

读新闻专业的人可能都是些理想主义者，我有想过，为什么香港这个邻居，在国际上的形象这么鲜明和立体，大家都知道它是金融之都，它的影视流行曲影响全地球人，而一说起澳门，就只是："哦，赌博！"

那是因为我们澳门的传媒业并不发达，没有好好地把这个城市的美好传递。作为传媒人，我应当去做这件事，澳门是应该有自己的生活信息平台的，我相信自己能做好！

于是，2009年5月，《梳打杂志》（*SD Magazine*）第一期诞生。

这是2009年《梳打杂志》的创刊号，眨眼间已经过去10年。创刊第一期，以"百年字号"为题，其实是寄托希望自己的企业成为百年字号的心愿。我还清晰记得拍这张照片的时候，我负责为摄影师挡住行人。

Think like a boss , act like a lady （思考如老板，举止如淑女）

　　那个时候，澳门正经过外围大环境冲击，经济很差。而且当年的澳门，也不流行创业。一是因为国家的有关政策迟迟未出台，还没有那个创业氛围；二来澳门年轻人创业的成本非常高，租金高、人力缺、市场小，选择创业的年轻人根本是凤毛麟角，因为所有社会气氛和条件，都是叫你"做好一份安稳工"。

　　但我偏要勉强。只有逆流而上，才能找到光明。由喜欢写作的女文青，忽然成为了女老板，其实我内心也很忐忑。以前我只需要专注做好杂志的内容，但做了企业负责人，想法完全不一样。去谈合作、去谈生意，其实回想起来当初也非常幼稚，幸好我有一批非常好的客户，由第一期开始支持我到今时今日，我真的非常感谢他们。

　　创业初期，每周通宵最少两晚，凌晨三四点大厦的正门已关，需要穿过幽暗的停车场出去，我每次都把手机里的歌调到最大声陪自己走出去。当时我就想，三十岁我一定不能过这种生活。但正是这些经历给了我今天的勇气和底气。

有些人怕做老板，因为怕背负责任，但我不介意，甚至有点钟意。我经常和同事说，放心去谈放手去做，只要你不犯法，你老板能为你解决所有后顾之忧。

Think like a boss, act like a lady。我很喜欢这句话，现代的女性都很爱美，做女老板，不需要像以前的女强人一样打扮，或行为表现得很男性化去强化自己。女企业家也可以是时尚的、美丽的。但思考方式，一定不能是有性别偏差，一定要像一个男女同体的老板一样，为大局着想，全盘考虑。

很多人都说，你一个女孩子"应该唔好太搏唔好咁辛苦"（不要太拼搏太辛苦）。但在我看来，既然成为创业者，你就要懂得运用自己的性别优势，而不是因为性别而给你掣肘。市场不会就因为你是女性就平白无故地给你机会，所有人都是看能力和看质量。所以我觉得无论男女，要成就自己的梦想，就应当付出，不应有借口。

学习带给年轻人财富和底气

由总编到创业者的身份转变，感觉自己大学的专业知识已经不够用。我坚持报读了中山大学和麻省理工学院合办的国际工商管理硕士（MBA）。因为一边读书一边工作，同学三年硕士毕业，我花了五年。每周末回广州上学，功课全是回去时在岐关车上，把笔记本电脑放在腿上写的。

现在回想起来，也是不容易。但MBA的教育对我的影响非常大。除了专业的知识和能力，教授们更强调的是企业家精神。只想着为自己赚钱、眼光短浅的那种是生意人。而真正企业家顾及的，是企业对整个团队、整个社会的责任和义务。除了老板自己赚钱，同事们是否能一样赚到应得的?是否有工作、生活的平衡，而非血汗工厂？而我们的企业，是否能走得稳走得远，而不只是准备开个两年玩够就算？这些，都是我作为一个企业的掌舵人应当思考的。我很认同"腹有诗书气自华"，一个人的底气，是来自于学养和见识。让我有不论面对什么事、什么人，都有底气和信心。

坐看风起云涌，自信有志竟成

亲眼见证澳门风云崛起，我的事业由2009年至今，经过十年披荆斩棘。这十年我遇到非常多的贵人——我的团队，彼此支持了十年的客户，还有我最好的拍档Sophie（李碧君）。她的确教会了我很多——第一次去舞会、第一次见客，还有很多第一次，都是这个不是亲姐胜似亲姐的人，给我属于女性的独有智慧。

我不是"富二代"，我创业的契机并不是最好，但我这十年坚持所得的，是发挥自己100%努力，甚至200%的努力所得。传说中的六大赌牌——银河娱乐、金沙、永利、新濠、澳博、美高梅，所有酒店，我们由一家一家去结识，帮它们免费报道，到今天和它们的总裁共商大计。政府的客户也由一个局一个局去谈，直到今天的密切合作。还有所有澳门银行、车行、各种中小企业，都是我们的客户。

"梳打"，由一个只有三个人的团队，整本书都是我一个人写的，到今天发展成拥有出版社、新媒体公司、公关公司、广告公司的大型澳门领先媒体集团。我可以说，我一步都没有走过捷径，我从未松懈。我为自己和团队创造的成绩感到骄傲！

在澳门，大家普遍倾向安稳生活，不愿意走出舒适圈，导致见识和眼界有所局限。创业的人到今天也并不太多，女性创业者就更少。我在少女时期经常很不安，不知自己的未来要向哪里走，但到了今时今日，我清楚知道自己的路，感觉非常实在和有把握。这种成长令我有安全感。我认为，今天开始，才是进入自己最好的时代。

 2008

"海啸"也许卷走了豪客,但我们抱团共度时艰

每一年的12月,澳门人共同参与的一项盛大活动莫过于"公益金百万行"。2018年12月9日,天公不作美,寒风夹着冷雨,似乎是入冬以来最冷的日子,但仍有近5万人冒雨前行,从特首、奥运冠军到普通市民,不分肤色与年龄,人们无惧风雨互相鼓劲,热情不减。这一活动本是《澳门日报》为读者公益金募捐而发起,从1984年开始,每年筹集所得的资金全部用于扶助孤寡、残疾人士和生活困难的市民家庭。

往回倒数十年的2008年,"5·12"汶川地震,中国南方雪灾,金融"海啸"席卷港澳,原本是带来无数伤痛的一年,但因为这一场行走,让我感受到了抱团的温暖和共度时艰的力量。

寒冬

当时澳门回归近十年，在此期间澳门经历过艰辛也创造过不少奇迹，但庆典将至之时这场从大洋彼岸刮来的"海啸"却席卷而至。当年的荷赛大奖评选出的年度图片来自美国《时代》杂志摄影师安东尼，图片说明为"美国经济陷入危机：2008年3月26日，驱逐令后，（警察）罗伯特·克莱在美国克利夫兰一户（因交不起按揭而被赶走）居民家中查看居民是否全部搬出"。而评委会的诠释是，当前的战争已经不仅仅发生在传统的战场上，由于金融危机，战争已经深入到他们的房子里。

由于世界经济的紧密联系，战火也蔓延到了数千公里之外，澳门无法独善其身。加上自由行政策收紧的影响，作为澳门经济火车头的博彩业绩出现下滑，赌场内贵宾厅豪客骤减，多间博企对外宣称将放缓或暂停扩张计划。确实，经济环境欠佳，内地富豪的身家受到直接影响，身家大大缩水自然减少豪赌。

当时，威尼斯人有超过9成员工签署了减薪同意书，希望公司承诺不会以金融海啸为理由裁员，还能保住饭碗。但威尼斯人度假村第5期、第6期的建设工程中，有1万多名香港、澳门及内地的建筑工人被实时解雇。印象深刻的是一名"过江龙"邱先生原本月薪两万元，风暴一来"水浸眼眉"无奈回港，但他说："我不会心灰意冷，'沙士'的低潮也捱（熬）过，现今的逆境相信也可跨过。"

行走

是的,"沙士"都熬得过,又何惧海啸呢?2008年12月14日,现场来了3万余人,各自身穿整齐便服,扶老携幼,拖男带女。在孙逸仙大马路和冼星海大马路地段的公益金百万行起步集合点,澳娱董事总经理的"赌王"何鸿燊出席了公益金百万行起步礼。当时,坊间传闻澳娱旗下的澳门赛马会和逸园赛狗也会裁员减薪,旗下员工心情惴惴不安,业内同行也在纷纷观望。但"赌王"坚定地回应自己立场几十年如一日,自己的"伙计"全部都是"宝贝",不舍得"炒人",还一再强调,不需要裁减其旗下任何机构的员工。

"赌王"派下的这粒"定心丸",让在场的不少人心有感动。殊不知一年后,《福布斯》杂志公布的富豪排行榜上,由于这场"金融海啸"令股市下挫,香港40名最有钱的人士财富总值减至近6400亿港元,而何鸿燊身家蒸发89%,降至78亿港元,是富豪中减幅最多的,虽然其主要原因是澳博控股在淡市中上市影响了估值,但也足以见"海啸"之影响。但何鸿燊说港澳地区环境比其他地方相对稳定,对未来前景仍然充满信心。

金龙簪花挂红、洒圣水与剪彩之后,一条长达60米的金龙与八头醒狮领头,紧接着时任特首何厚铧与何鸿燊等知名人士随后,数万人的慈善大军在街头为公益行走,沿途还有学生乐队、醉龙表演。行进大军中不时传出欢声笑语,吸引不少游客围观,步行人士浏览沿途风光,旅客驻足欣赏,更争相与表演队伍合照,场面热闹非常。虽然遇到经济寒冬,但澳门人仍鼎力相助,各界赞助的善款逾1000万元,数字与上年相若,各界人士无论经济好坏也不忘回馈社会,抱团取暖过冬。

温暖

是的,澳门公益氛围浓厚,每逢天灾人祸或弱势群体求助,不少市民都会自发将钱捐助到报社,请求报社代为转交,随后从香港"移植"了"公益金百万行"这一活动。

每年12月的第二个星期日,仅有五六十万人的小小澳门,每年都会有数万人浩浩荡荡地行走在澳门街头,为公益活动募集资金。这个活动以步行的方式倡导公益,团结了各行业各个阶层的人,很多平日里都不会出现的人,从特首到普通市民,从耄耋老人到懵懂幼童都会参与其中。

重要的是,"公益金百万行"所筹得的所有款项,都会原封不动地给被捐助者,受捐助的多是遭受突发灾难的人、贫苦学生等。在经济寒冬中,不少普通澳门市民也蒙受重大损失,但他们仍不忘向更弱势的群体伸出援手,"为善最乐,与善同行",这如何能让人不感动呢?

百年前,思想家郑观应曾在澳门郑家大院写下了警世名著《盛世危言》,他一针见血地指出,欲强国,先富国;欲富国,先富民。富强之本不尽在船坚炮利,而在使人尽其才。

2010年,时任国务院总理温家宝首次视察澳门时发表演讲也说到,他坚信澳门这样一个拥有包容互进、守望相助优良传统的地方,只要善集民智,广聚民心,齐汇民力,充分调动每一位澳门同胞的积极性,就一定能把澳门建设得更加美好。我有幸作为青年代表参与了该次总理亲自召见的座谈会,并有幸成为会议记录员,亲身感受到国家对澳门的热切期望。

是的,我们又何尝不希望澳门这枝盛世莲花能够开放得更加绚丽夺目呢?

我知道你最想知道这个——澳门是不是有钱分

每一年的7月份，都是学生放暑假的开心日子，而对于澳门人来说，7月份，是所有人的"开心暑假"，因为这个时候，澳门特区政府都会给大家派上一份暑假礼物：收支票啦！

从2008年开始，澳门特区政府推出了"现金分享计划"，由首任澳门特区行政长官何厚铧提出，目的是分享经济发展成果，抗击通胀以及应对2008年金融危机的冲击。首次发放为2008年，2019年度正在发放第12次，并且金额也有所提升。这么说吧，如果你是一个土生土长的澳门永久居民，从2008年到现在，已经从特区政府那里收到了足足91000澳门元的支票；非永久性居民也能拿到60%，也有54600澳门元，说到这里，实在有必要来个撒花庆祝！

我还记得第一次拿到现金分享计划的"大红包"，是一张薄薄的5000澳门元划线支票，之前按部就班地向身份证明局办理了一些相关证件，当支票拿到手上的时候，那一刻，确实有那么一些些"不劳而获"的幸福感呢！

对有固定收入的上班族来说，这笔钱可说是"锦上添花"，但对于一些低收入家庭来说，无疑是实打实的"雪中送炭"。通过这个计划所获的现金，对维持生计意义更加重大。这个计划从开始推行至今，"大红包"里的金额稳步上升，唯独在2011年，特区政府将现金发放金额降至4000澳门元（永久性居民）、2400澳门元（非永久性居民），当时一度引起了社会普遍不满。自那以后，现金分享计划的金额只多不少，到了2019年，第一次达到了五位数——永久性居民可一次性获得10000澳门币。但关于这份"暑假大礼"的评价却并非像金额一样只升不降，倒是在近年来，开始有了一些不同的声音。怎么,难道还会有人"嫌钱腥"?因为其背后的状况,并没有拿着支票去银行取现那么简单。

现金分享计划:是"藏富于民"还是"无为懒政"?

说到现金分享计划,就不得不提一下当时的大环境:2007年,随着赌权开放和自由行等有利政策的带动,澳门特区经济快速增长。2007年的GDP已经高居亚洲第一。库房充盈的特区政府,特意推行"共建共享、藏富于民"的政策,为日益膨大的财政盈余找到了一个合理的出口,让所有澳门居民分享经济发展的成果,把那些"花不完的钱"还给民众。

但另一方面,现金分享计划也助长部分人不劳而获的心态,加深了这些人对"政府钱多,应该分给市民"的观念。再说了,以直接派钱的方式,并不能解决澳门贫富悬殊、社会保障制度覆盖有限等深层次问题。表面上钱发到市民手上实时见效,但却是一种无为的"懒政":比如对年轻人来说,10000澳门元,可以做什么呢?新推出的iPhone手机,要买一台还得自己贴点钱;暑假有钱发?哇,趁有假期,还不赶紧出国旅游?留下了手机里的一堆风景、美食照片后,这张支票已经完成了它的"历史使命";接下来,等明年暑假再算!不能说这笔钱就此打了水漂,但若只能换得短暂的开心,花钱买到的快乐是不是有点太奢侈了?

或许有些人会说,留下这10000块又有什么用呢?是能多交半期月供呢,还是给首付多添一块阶砖?与其发钱,不如将这些钱投入到令澳门得到长远发展的项目中去,比如加强教育投入、改善基础设施、改善医疗服务、增加公屋建设、建立社会保障制度……但肯定也有人马上跳出来反对：这些事情，不是应该政府为我们考虑的吗？少了这10000块，多少低收入家庭的生活质量会"跳水"，你考虑过吗？就是这样，各种纷纷扰扰的声音一直存在，而现金分享计划却已经走入了所有澳门人的生活里，进入了第二个十年。

澳门未来的一代，他们眼里的"派钱"是好是坏？

早在2011年时，就有相关调查机构进行了一个全澳高三学生的现金分享计划的调查。该次调查结果显示，大约有6成学生支持实行现金分享计划，4成学生反对实行现金分享计划。

其中，支持现金分享计划的主要原因有以下三点：

1. 在一定程度上纾缓了贫困家庭部分生活难题，减轻市民的生活压力。

2. 一定程度上稳定社会秩序，同时刺激市民消费。

3. 在一定程度上缓解了澳门居民收入低增长与高通胀导致的困难。

而反对现金分享计划的主要原因有以下三点：

1. 浪费了大量金钱，在社会的基本设施、民生建设、福利政策等方面都未完善的情况下，现金分享"头痛医头，脚痛医脚"，是治标不治本的做法。

2. 对大多数澳门本地人来说，这钱不能解决什么问题，只能在一定程度上满足物欲。

3. 不用工作就有钱派，但这种做法对年轻一代的价值观有很大的负面影响，会养成不劳而获的习惯。

在我看来，随着粤港澳大湾区的发展和相关政策的推行，在未来，人才的竞争力起到了举足轻重的作用，如果澳门青年人为了这笔说大不大、说小不小的"现金分享计划"而形成了对政府过度依赖的心态，那样无疑会对培育青年人勇于竞争的精神产生负面影响。长远来看，澳门青年人在和其他大湾区城市的青年人竞争中，本就没有多少优势可言，唯有以积极而理性的心态，以广阔的心胸和海纳百川的自信心面对竞争，才有可能脱颖而出。

　　现金分享计划带来的实质福利，对澳门青年人来说，是推动前进的"第一桶金"（如果这笔钱一直存着到现在，这一桶金还是很可观的哦！），还是贪图享乐的理由，全看大家自己是如何去看待。所以呀，拿到支票之后，高兴过了，再好好想想这笔钱到底该怎么花。对澳门青年人来说，这道一年一考的题目，你们是怎么去应答的呢？

"澳门政府每年都有钱派"可能是许多人对澳门现金分享计划的看法，但在我看来，直接派钱未必是最好的选择，因为这样会导致通货膨胀。我们应该把钱用在更重要的地方，例如解决好每一年台风导致的海水倒灌的问题等。

支援汶川——澳门从未有过的群情共振

2008年5月12日14时28分04秒,一个无法被忘记的时间。

四川省汶川县,8.0级地震,近7万人遇难,17923人失踪,37万多人受伤……

那一刻地动山摇,整个中华大地都在发抖。远在千里之外的澳门,也有人感觉到晃动。

11年过去,如今回想当年,依然忍不住一阵鼻酸。

或许是澳门社会的低调之风,或许因举国上下的一致行为,在当年那场震撼全球的地震救援中,澳门做了一件事情,虽然很多人都不是很清楚——可能在这个世界上,对汶川地震灾区人均捐款最多的城市就是澳门了。当时的澳门仅有50多万人口,但抗震救灾的善款却捐了60多亿澳门元,人均捐款达到1.2万元,远高于全国其他地方。

政府带头出资50亿

汶川地震发生后,澳门从上到下各阶层都动员起来。时任特首何厚铧在第二天代表特区政府宣布,向四川灾区捐助1亿元。随后,澳门基金会紧急拨款1000万元,澳门红十会拨出70万元,中华海外联谊会全体澳门理事捐出逾千万港元,澳门潮州同乡会会长刘艺良捐赠110万元,澳门潮州同乡会捐赠60万元人民币,澳门中华总商会捐赠510万港元……

时任澳门特区政府社会文化司司长的崔世安对澳门红十字会说:"灾区需要什么,我们就先买什么,政府买单。"为了购买灾区急需的帐篷,澳门红十字会派人深入到广东开平、佛山、江门一带,将凡有生产帐篷能力的店、铺、厂全部组织起来,加班加点生产,先后向阿坝、绵阳、德阳、都江堰和广元等重灾区,直接发运5800顶各式救灾帐篷,总价值超过500万元人民币。

2008年6月底,何厚铧率领澳门代表团前往灾区视察,决定由特区政府出资50亿澳门元、澳门基金会出资5亿澳门元参加援建。50亿,对于澳门来说不是一个小数字;5亿,对于澳门基金会也绝非小数字。但在那一刻,这些数字在任务艰巨的救灾重建面前,都显得微不足道。

不到24小时民间筹资300万元

如果说官方的赈灾拨款是出于社会道义,那民间的自发捐款则是源于人们将心比心的切肤之感。

汶川地震发生后,澳门这座小城仿佛为冲天烈火所点燃,不分政府民间，不分种族宗教，不分男女老少，不分贫富贵贱，几乎倾城出动。澳门中联办大楼门前，来捐款的团体、个人络绎不绝。大家有钱出钱，有物捐物，震后不到24小时，这里就收到了近300万元善款。

澳门红十字会400个流动捐款箱，如同一个个生意兴隆的储蓄所。短短一个月内，澳门通过中联办向地震灾区转交的捐款达2.05亿元，澳门红十字会筹集到的赈灾款物总值超过8000万元。澳门社会各界共为灾区捐款高达4.4亿元，捐献急救物资价值2000多万元。

这座小城在汶川地震后所展示出的大爱，感动了灾区群众、感动了内地同胞，也感动了澳门居民自己，当年媒体称之为"从未有过的群情共振"！

捐一千万善长要求永远不曝光

那段时间，有关赈灾的报道几乎占据报章媒体的绝大部分版面，每天都有很多感人的小故事发生。

汶川地震的第二天，有一位"70周岁"老先生，来到澳门红十字会，以"澳门人"名义捐了100万元。此前，这位老先生才刚刚在自己70岁生日当天，捐了70万元帮助云南一个农村建卫生院。

澳门人热心，但又非常低调。有一位公司老板，捐了1000万元巨款，但要求红十字会永远不得对外泄露他的名字。这样大爱不言的人太多太多。有一对中年夫妇，男的在单位捐了3万元，女的在单位捐了2万元，捐款时都提出要替他们保密。

记得当时中央电视台有一位编导到澳门来采访，希望找澳门的普通老百姓采访，从一来到澳门就开始找，差不多拍摄了一大半才找着了几位愿意接受采访的普通市民。当时有一位老人家80多岁，问他捐了多少钱？他说捐了6000元。后来慢慢聊下去才知道这6000元非常不容易，因为他本人没有收入，他的儿子和女儿，每人每月给他3000元，他全捐了。他说，我没有钱，儿子女儿给得不多，如果一人给我1万我就捐2万。记者问说你怎么生活呢？他说我吃饭吃得便宜点就可以了。

澳门红十字会中央委员会主席黄如楷接受采访时说，最让他感动的是一位名叫刘不凡的保安员，刘不凡原先在他所在住宅小区做保安员，后来离职走了。汶川地震发生后，这位刘先生给黄如楷家的信箱塞了一封用白纸折叠成的信，内夹500元，白纸内面写了简短两行字："黄先生您好：我见电视影（播）四川地震各同胞很凄谅（凉），很同情。我地（我们）亦要出一分力，就捐五佰元，小小心意，请代劳。管理员刘不凡08-5-17"。虽然信中有不少错别字，但无声的语言让人印象深刻。

还有一位阿伯和一位阿姨靠每月1000多元的养老金生活，扣除房租、水电费，生活本来就十分拮据，大家都劝他俩不要捐，只要有这份心就够了。但两人坚决不答应，最后执意各捐了50元。

类似的例子不胜枚举，非常朴实又特别打动人。在澳门，很多人是带着对祖国的深厚情感去做这个事情。有人打过一个非常形象的比喻说，澳门人很有爱心，世界各地都有可能发生灾难，我们都愿意伸出援手，但是祖国内地的城市发生灾难是不一样的，就像兄弟之情和朋友之情是不一样的，那是一种骨肉相连的切肤之痛，你会毫不犹豫地尽自己所能去救助。所以在汶川地震的时候，澳门能做到人均捐款最多。

汶川地震发生十多年来，澳门援建的项目有上百个，涵盖教育、卫生、基建、体育、社会福利、文化等范畴，分布在四川省10余个市、30多个县区。

北川羌族民俗博物馆就是澳门援建的一个文化项目，那里已经成为传承和保护四川少数民族文化的教育基地。还有青城山的援建项目和三星堆遗址保护项目，这些曾经遭到地震严重破坏的文化旅游目的地，现在都重新焕发生机，而且更胜从前。不仅帮助当地抢救和修复文物，更为依靠旅游业吃饭的当地百姓居民带去新的希望。澳门特区政府旅游局还曾经专门拨付1000万澳门元，组织澳门居民到四川旅游，支持当地的旅游发展。

与硬件设施的重建相比，更让人感动和受鼓舞的是我们在这场灾难中接受的精神洗礼。在救灾援建的过程中，我们看到了灾区人民的自强不息、迎难而上，也看到了全国各地的无私援助。

我们中国人就是这样：一方有难、八方支援，勠力同心、守望相助。这是一次生动的爱国主义教育，大大拉近港澳居民与内地同胞的心。

汶川大地震后，澳门人积极捐款，救助同胞。图为由澳门基金会投入人民币8588万元援建的北川羌族民族博物馆。

共享祖国荣光——奥运圣火首次在澳门传递

每年的"五一",都是澳门人气井喷的时候。但有一年格外特别,火爆的程度可以用"全城沸腾"四个字来形容。因为那一年,奥运圣火历史性地首次进入澳门传递,全城百姓和来自世界各地的游客都翘首以盼,一睹圣火风采,为奥运加油。

没错,那一年就是2008年。

2008年5月3日,奥运圣火承载着历史的使命和全世界人民的梦想,在跨越世界五大洲之后,来到中西文化交融的澳门。

对于澳门来说,那是一个令人骄傲的荣耀时刻。时任特首何厚铧在致辞时说:"奥运圣火首次在澳门传递,特区政府及广大居民深感荣耀,其空前盛况将永载澳门史册。"

全城出动万人空巷

奥运圣火首次来到澳门，具有划时代的历史意义。澳门人从来没有这么欢欣雀跃过。

那一天，从氹仔的澳门东亚运动会体育馆到本岛的塔石广场，从黑沙环公园到南湾湖水上活动中心，以奥运为主题的庆祝活动好戏连连。马路的隔离带上、街道两旁的灯柱上，中英文字样的北京奥运彩旗、手持"祥云"火炬的福娃宣传板、"点燃激情、传递梦想"的条幅，把整个澳门装点得特别喜庆。

那一天，澳门的天气也很好，五十万居民几乎全部出动，街上全是人。为了显示对北京奥运会的支援，许多澳门市民还穿上了红色衣服。当时，有位朋友跟我"炫耀"说："开心就要着红色，红色代表中国，着红衫就系想俾全世界的人睇到，我哋中国人系几咁支持奥运会。"（开心就要穿红色，红色代表中国，穿红色衣服就是想给全世界的人看到，我们中国人有多么支持奥运会。）

熙熙攘攘的人群中，最耀眼的还有那些四处飘扬的大国旗和小国旗。内地民谣歌手南六从香港追圣火来到澳门，很多游客轮流举着他带来的一面大幅国旗，在大三巴牌坊前留影。

记得当时在大三巴牌坊前，还有很多学校组织的啦啦队过来，包括濠江中学、圣德兰学校、嘉诺撒培贞学校、沙梨头浸信学校等，他们挥舞国旗、区旗助兴呐喊，情绪一路都很高涨，还有人带头唱起国歌，现场高潮此起彼伏。另外，来自澳门各大高校的大学生，他们也各自召集了同学们沿途为圣火传递加油打气。

还有很多旅客是专程到澳门看圣火传递的。珠海有一家幼儿园的十几名老师不清楚火炬传递的具体时间,为了"抢占"最佳位置,一大早7点多就赶到了大三巴,虽然等到下午才见到火炬传递,但也丝毫没有影响他们为奥运加油的喜悦心情。

"赌王"出任第二棒火炬手

当天的起跑仪式定在渔人码头励骏广场,很多市民一大早就来到现场等候,每个人都挥舞着中国国旗和澳门区旗,激情呐喊,为奥运圣火加油助威。下午3点50分,时任北京奥组委执行副主席杨树安将由火种灯引燃的火炬交给了何厚铧,之后,澳门武术运动员梁洪敏从何厚铧手中接过火炬,伴随着观众的欢呼声,开始了奥运圣火在澳门的传递。

奥运圣火在澳门的传递约27公里,参加圣火传递的120名火炬手,除了不少基层市民代表,还有澳门社会各界的杰出人物。第一棒梁洪敏是澳门本地培养的武术运动员,曾三次代表中国澳门参加亚运会,为中国澳门代表团夺得多枚世界和洲际武术赛事的奖牌。

第二棒火炬手更是赫赫有名的博彩业大亨何鸿燊。当时他已经86岁,是澳门站年龄最大的火炬手。也许是人逢喜事精神爽,老人家兴高采烈地慢跑了两百多米,脸不红气不喘,还"嫌"人家分配给他的传递路程短了。其实,何鸿燊也是个体育爱好者,他喜欢游泳和打网球,曾获得香港网球公开赛150岁组合的"七连冠"。兴建奥运场馆"水立方",他也捐了不少钱。

除何鸿燊外,火炬手名单中还有不少名人——第十届中国侨联副主席刘艺良、全国政协委员廖泽云、澳门特区政府代表谭俊荣、为中国澳门队拿到首枚亚运金牌的武术运动员贾瑞,以及香港著名歌手杨千嬅也参加了澳门站的火炬传递。

接力点尽显澳葡风情

从渔人码头开始,经过金莲花广场、大三巴牌坊、议事亭前地、妈阁庙等著名景点,进行一段龙舟水上传递之后,再通过嘉乐庇总督大桥来到澳门的氹仔岛城区,绕一圈后经由西湾大桥回到半岛的渔人码头。可以说,北京奥运圣火澳门站的传递路线,串起了澳门的著名标志性景点,展示了澳门古老与现代、东西方交融的独有魅力。

渔人码头既是起点也是终点,这里的建筑最能体现中西文化的交融,既有古香古色的中国传统建筑,也有非洲土著式堡垒和希腊式广场,可以说集东西方不同建筑特色于一体。

位于澳门新口岸高美士街、毕士达大马路及友谊大马路之间的金莲花广场,不但是海内外游客必到的景点,也是每年国庆、澳门回归纪念日特区政府举行升国旗、区旗仪式的地方。

大三巴和喷水池是澳门历史文化城区最具代表性的建筑,一直扮演着澳门市中心或庆典集会的重要场所,是葡萄牙带给澳门影响的历史见证。

妈阁庙则是最能体现澳门本土文化的典型代表,当奥林匹亚的圣火与妈阁庙的香火在澳门相遇时,或许你会突然觉得,这个世界上所有的信仰都是殊途同归。

而西湾大桥则是新澳门的象征,这座连接澳门半岛与氹仔岛的跨海大桥,是澳门回归以来社会繁荣发展的历史见证。

如果要问火炬传递过程中最有亮点的地方是哪儿,那应该非西湾湖莫属了。极具中国特色的火炬龙舟传递就是在这里进行。澳门人热爱龙舟,不仅是因为澳门四面环海的特殊地理特征,更是因为澳门人对祖国的传统文化有着深深的眷恋。当时,澳门龙舟运动员彭芷珊站在龙舟船头,高举奥运火炬,向湖的对岸进发,龙舟上的十几名运动健儿一边划动龙舟一边高喊"北京,加油",护送彭芷珊圆满完成500米的水上传递。锣鼓声和呐喊声激起了人们高涨的爱国热情。

奥运圣火来到澳门前,已在香港完成传递。香港与澳门既是奥运圣火在境外传递的最后两站,也是在中国领土内传递的最开始两站。回归祖国后,港澳同胞终于有机会与祖国共享欢乐与荣耀。中国首次举办奥运会,这是一个令人骄傲的辉煌时刻,值得澳门同胞自豪,也值得全球华人自豪!

渔人码头是奥运圣火传递路线的起点也是终点,这里的建筑糅合了东方传统建筑概念与西方建筑风格。

2009

"一国两制"下的横琴奇迹

有不少内地的朋友问我,现在澳门大学横琴校区是不是完全划归澳门了?珠海市横琴新区对这个区域还有管辖权吗?我会毫不犹豫地回答他们,当然是澳门管啦!这是中央政府送给澳门的一份大礼,是中央政府支持澳门繁荣发展的实际行动。

不过细想一下,澳门特别行政区政府只是租赁了澳门大学横琴校区这片区域而已。更准确地说,澳门大学横琴校区既属于澳门亦属于横琴。这是"一国两制"在澳门实践的创新性发展,也是粤澳深度合作的标志性项目。

时间追溯到2009年6月27日,十一届全国人大常委会第九次会议表决通过决定,授权澳门特别行政区对设在横琴岛的澳门大学新校区实施管辖,横琴岛澳门大学新校区与横琴岛其他区域实行隔离式管理。根据协议,澳门特区政府支付12亿澳门元,以租赁澳大新校园的土地,使用权至2049年(可续期)。

4年之后,2013年7月20日零点,澳门大学横琴新校区启用,由澳门特区政府正式接管,校区内实施澳门特别行政区法律,这是澳门特区法律首次在澳门以外的地方实施,开创了"一国两制"的崭新探索和实践。

横琴全力配合

"横琴模式"体现的是"一国两制三体"的突破性概念：澳门、横琴，加上横琴岛上的澳门大学。澳门大学横琴新校区项目的建设无疑是史无前例的突破，而其实现过程也是非常艰难。由澳门提出方案，中央同意，责成广东省和珠海市配合实施。横琴新区管委会负责人在接受人民网采访时，用"中央关怀、广东支持、珠海力挺、横琴舍得"来概括各方推动项目时的心态。一句"舍得"，道出珠海横琴多少欲说还休的苦衷。要我说，澳门应该对珠海的"忍痛割爱"与全力配合心怀感恩。

据说当时横琴新区管委会才刚刚成立不久，接到的第一个任务就是让澳门大学落地横琴，而且必须在3到4个月的时间里完成超过1平方公里土地的征收及补偿工作。我们都知道，万事开头难，而最难的就是征地。而且要在这么短的时间内完成，可以想象，当时珠海和横琴新区作出了多大的牺牲。

不仅如此，当时土地交付后，现场无水、无电、无围墙，基础及配套设施也严重匮乏。由于事涉珠澳两地，更有诸多的跨境事务需要协调。横琴新区不仅要与海事、航道、水利、海关、边防、环保等近20个部门协调，还要多次深入工地，就治安管理、消防管理、工人信息采集等问题专项办理。

承担校园建设项目的南粤集团总工程师张琳琳说："畅顺的沟通机制缘于澳门主导，横琴配合。"总之一句话，横琴就是一个大后方，总管家。

其实，澳门同横琴一衣带水，有很深的渊源。

横琴紧邻澳门，以前是有两个岛，大横琴岛和小横琴岛。

不过随着过去几十年的填海造地，两个岛合二为一，横琴与澳门的距离也越来越近，两地最靠近的地方也只隔着不到200米的十字门水道。

在澳葡时期，横琴曾是澳门重要的淡水水源地。1937年侵华日军来到广东，攻下了澳门附近的多个岛屿，澳门当局担心会失去横琴这个水源地，就在横琴岛红旗村的一处蓄水池墙上压刻了四行葡文，以作声明。而现时氹仔有不少澳门居民，最早也是横琴岛民。所以说，横琴对澳门的支持既在情理之中，也是历史的延续。

曾引起轩然大波

由于体制上的分隔，澳门大学横琴新校区项目能够成功实现，也可以说是一个奇迹。回想当年，澳门大学落户横琴新区，不仅在澳门，在海内外都曾引起轩然大波。

跨境兴建校园面临法律、制度、政策框架等诸多障碍，建在横琴的新校区是遵内地法律还是澳门法律，成了绕不开的头号难题。

当年，澳门租赁横琴岛部分土地的消息传到珠海，一位全国人大代表在广东媒体上发表观点称，校园在横琴就应该按内地法律管理，澳门大学设计的所谓"横琴模式"违背了国家法律，给珠江西岸一体化开了很不好的先例。澳门大学迅速响应，赵国强教授在《澳门日报》撰文，指出采用"租界式"管理已有先例，2006年全国人大常委会通过了《关于授权香港特别行政区对深圳湾口岸实施管辖的决定》，实际上就是将属于深圳的某块土地，租给香港使用和管辖。

还有第三种声音，一家香港纸媒刊登大幅标题文章《澳门的沉沦》，担心澳门大学一旦迁校横琴，其本身的文化气氛、校园特色将会消失，将不再吸引学生和学者，令原本有意就读或就任澳大的人士却步，澳门最终将变成只剩赌场的"销金窝"。

现在看来，当年的那些质疑的声音不过是杞人忧天。在澳门大学横琴新校区，这1平方公里土地上，网络和言论、出版的自由度，完全按照澳门法律实施，网络开放，你可以上脸书（Facebook），看优兔（Youtube），刷推特（Twitter）。同时，在这里，爱国爱澳、专注科研与教学才是校园文化的主旋律。

教育质量快速提升

迁校之前，澳门大学老校区位于澳门氹仔岛西南角一处山头，校园面积不到6公顷，仅有20余栋建筑，土地资源不足使得部分科研和教学项目难以施展，一直处于"有校无园"的状况。而新校区占地1.1平方公里，比原校区大20倍，有80多栋建筑，是一座名副其实的园林式现代化校园。

连接澳门大学新校区和澳门的，只有一条长约1570米的河底隧道，天然的河道在地理上把新校区与路氹城区隔开。穿过隧道进入新校区，你会感觉自己突然远离了城市的喧嚣。这里小桥流水，风景宜人，湖光水色与错落有致的建筑相映成趣，俨然一片岭南水乡的韵味。

据说这个校园的设计者是中国著名的建筑设计大师、中国工程院院士何镜堂。他在设计的时候综合利用周围环境资源，把整个大学做成三个大公园,整合为一个生态水乡。而整个校园的建筑群设计既体现了中国岭南特色,也包含了葡萄牙南欧文化的建筑风格。

澳门大学新校区还有一个非常有特色的地方,就是住宿式书院系统,这在澳门的大学中是独一无二的。现时已经建立了10所书院,包括曹光彪书院、霍英东珍禧书院、吕志和书院、马万祺罗柏心书院及何鸿燊东亚书院等,书院与学院制度相辅相成,来自不同学科、不同年级的本科生一起在书院里学习、竞赛、娱乐和生活,以体验式课程规划提供全人教育的环境,以塑造学生的品格素养和非专业科目以外的软实力,加强师生之间的交流和互动,凝聚学生对书院和大学的归属感。

迁校后,澳门大学依然秉承着"仁、义、礼、知、信"的校训精神,致力于培养澳门及其他地区发展所需之有责任感、有道德判断及独立思考能力的市民及领袖,不断完善、优化、提升及创新。各项学术指标快速攀升,2014年首次上榜QS世界大学排名时位列701—750位,至2019年已上升至443位。在2017年更成为澳门首间获澳门特别行政区政府颁授"教育功绩勋章"殊荣的高等院校,办学质素获得社会的广泛认同。可以说,横琴新校区的启用,为澳门大学提供了宝贵的发展空间,显著提升了澳门高等教育质量,有力支持了澳门适度多元化发展。

在澳门大学新校区莲花广场,有一座8米多高的汉白玉雕塑,名为"博雅之璧",是澳门大学最具代表性的人文景观。这是国家教育部在2018年赠送的,它承载了澳门大学的校训精神和"大博""大雅"的人才培养理念,也寄托着中央政府对澳门大学的希望和祝福。

过去人们对"一国两制"的理解就是香港、澳门、内地各自一块,"井水不犯河水"。而这些年来,澳门大学横琴新校区的创新实践,让人们对这一伟大构想有了更新、更深的理解。事实证明,"一国两制"拥有极大的生命力和无限的发展空间。

澳门大学前身为1981年成立的私立东亚大学,地点就在氹仔北岸的山丘上。2013年7月20日零点,澳门大学横琴新校区启用,新校区由中国建筑师何镜堂设计,面积比原校园大20倍。

澳门电影节，会是澳门电影的梦开始吗

其实时不时就会有一两部以"澳门"为主题的电影，有时候可能是爆米花电影，有时候可能是文艺片。例如最新的《妈阁是座城》，这部电影讲述了博彩客和"叠码仔"在澳门发生的爱恨情仇，题材很接澳门的地气，但令我感到遗憾的是：从作者到导演再到选角，都没有看到澳门人的身影。而另一方面，根据票房统计，我们澳门人最喜欢看的电影，都是好莱坞的大片，说到澳门本地电影的话，很多澳门人都会茫然地回答："有吗？澳门人有拍过什么电影吗？"

是的，澳门电影虽然在华语电影业中只占了微不足道的比例，但很少有人知道：我们澳门，是大中华地区最早有电影放映设备的地方（1893年）；同时还是最早（1896年）拍摄电影的地方（可惜拍的不是华语电影）。只是这两项"第一"并未为澳门的电影制作打下牢靠的基础，而是被邻居香港迎头赶上，抢尽风头。

澳门电影业沉寂了一段很长的时间，直到20世纪90年代初才再度开始零星的电影制作。小打小闹的，没有掀起什么波澜。另一方面，由于澳门有很多西洋建筑物，加上"东方拉斯维加斯"的特色，因此吸引不少外地电影业者来澳拍摄电影，当中不乏知名作品如《007》系列电影、《天若有情》等。可以说，发生在澳门的电影故事多姿多彩，只是，没有澳门的"本地制造"，令人总觉得缺了点什么。这就是澳门电影业近20年的现状，为了摆脱"小透明"的尴尬，澳门本地的电影业界作出了不少的努力，比如澳门电影节的横空出世。

澳门电影节，从"小透明"中走过十年

2009年底，由澳门电影电视传媒协会主办的澳门国际电影节应运而生，主办方希望通过汇集国际电影（电视、动漫）制作方、投资商和国际影视明星及政商名流，调动民众的参与热情。更希望能通过异彩纷呈的电影展映和形式多样的配套活动，结合本澳的旅游资源与娱乐要素，着力打造世界电影人与广大民众共同参与的电影嘉年华。2009年12月28日晚，第一届澳门国际电影节在澳门旅游塔举行颁奖典礼，这成为了当时的城中热点之一。

当日现场颁发了15个奖项，范围从澳门到世界，看得出来，主办方努力想让电影节的格局变得大气一些，只是知名的电影节之所以有名，重要的是奖项的权威性和公信力。第一届澳门电影节的"最佳影片"颁给了台湾电影《不能没有你》，首个电影节"最佳男主角"颁给了一部内地"冷门"电影《我们天上见》的朱旭（想必大家都没有什么印象吧），女主角则干脆颁给了印度电影演员。这也成为了往后澳门电影节的"特色"：当年的大热电影，总难以出现在这份榜单之中。我还记得在澳门电影节上，闹过这样的一个小花絮：女演员爱新觉罗·启星于2010年的第二届澳门电影节上，凭《康定情歌》获得最佳新人奖，可早在2009年举办的第一届，她已凭《濠情岁月》获得过最佳女主角提名，这在各类电影节及奖项中应该是绝无仅有的吧？

但随着十年过去，曾经作为"小透明"的澳门电影节也慢慢走上了轨道，逐渐开始展现自己的存在感。比方说近两年得到大奖的《芳华》《无问西东》等，都是当年的知名作品，而出现在澳门电影节红地毯上的明星，也是星光熠熠，可以说，现在的澳门电影节，已经在亚洲范围内占有一席之地，其中的努力，大家都看在眼里。

澳门本地电影,只差"临门一脚"?

其实,澳门电影节从第一届开始,就有意开始扶持正在默默"埋头发育"的澳门本地电影,特别设立了"澳门电影金像奖"(著名澳门电影人蔡安安)和"澳门电影贡献奖"(《濠情岁月》)。每一年都有不少本地电影在澳门电影节中首映或播放,更有和国际大片同时安排的影展《澳门影像新势力》等。澳门特区政府致力于推动文化创意产业建设,加上一班本地文创工作者的努力,澳门本地的电影制作才得以持续发展,也渐渐地诞生了不少电影作品。像2016年由梁咏琪主演的《骨妹》,这两年的《过云雨》《爱比死更冷》等作品,都已经开始崭露头角。

与此同时,澳门特区政府文化局还推出"电影长片制作支援计划",为多部电影制作提供了启动资金,使本地缺乏资金的电影工作者,能够更容易实现本地电影的拍摄梦想,上面提到的电影《过云雨》就是其中一例。本澳的电影工作者往往不缺乏热忱,虽然热忱满分,但在技术方面需要更多的磨炼和尝试。而在澳门特别行政区政府的支持和各个电影工作者的努力下,近年越来越多毕业学生、社会人士,加入本地电影制作的工作。未来本澳电影业的发展,实际上只差"临门一脚",或许什么时候,就能像当年刘德华的"亚洲新星导"计划般,产出一部如《疯狂的石头》那样的"爆款"?我相信在不久的将来,澳门电影节上斩获"最佳电影"奖项的,会是一部名副其实的澳门本地电影。等到那一天,我一定会带上亲朋好友,一起去电影院里为其"N刷",到时,希望能在院线里和你们偶遇哟!

澳门城市的成长，怎能少了你参与

"广州城，香港地，澳门街"，这句老话道尽了澳门地域狭小、空间逼仄的困境。史料记载，澳门从最初的营地大街、草堆街和关前街逐渐发展而来，半岛最初面积仅有2.8平方公里，即使到现在已经有了32.8平方公里，对于60多万人口而言仍然是拥挤到苦不堪言。

我们生存需要空间，城市需要扩张。出于历史原因，澳门100年之间虽然经历数次填海造地，但随着人口爆炸式增长，现有土地已经远远无法满足人口需求。且将目光放长远，当国务院2009年底批复同意澳门特区填海造地建设新城区时，特区政府规划咨询向社会公众征求意见，这份澳门"成长"方案我也有话要说了。

澳门街

澳门车多路窄，当年不过300百多公里的行车线路且多数集中在半岛，车辆总数超过了18万辆。报纸上报道，澳门车辆密度为每公里400多辆，比香港还要多上100多辆。这一点我深有体会：旧城区路网细密狭窄，规划多是双向、4向车道，有些路口会有交通灯或交通管制，汽车随时有可能驶入单向车道。

记得当年是澳门回归的第一个10年，公共交通只有巴士和的士两种，巴士不过900余辆、50多条线路，而且大部分都在本岛，搭巴士前往离岛氹仔和路环十分不便，而且的士又相对较少，所以只能依赖私家车出行。

当时，电单车数量和小汽车数量差不多，但灵活小巧的电单车似乎更受欢迎。其中最主要的原因应该是"泊车难"吧。但街道狭窄、临街车位少，公共停车场也是一位难寻，电单车合法车位只有4万多，一半的车无位可泊，随意泊分钟就要吃"牛肉干"（指罚单告票，因为状似牛肉干而获此昵称）。每年罚单几十万张，阿Sir抄牌忙，市民也是怨声载道。

"上楼难"

衣食住行，出门几大事。衣食对于多数澳门人来说，自然是已无忧虑，但"上楼难"也逐渐成为一大社会问题。以往外界通常认为澳门与香港都是房价高昂寸土寸金之地，但其实虽然都是经济高度发展的人口密集之地，但澳门人自己拥有住房的比例高过香港，贫富差距也并没有香港这般大。

在香港，房产似乎成了富人的财产，就连中产人士也要为此付出巨大的代价：背负上高额债务、透支消费，甚至被束缚在某一职业上。而持续上涨的高房价，让已经"上楼"的人成了高房价的维护者，这种不同利益的复杂纠葛，也产生了多种矛盾。反观澳门，从土地供应不足，到土地竞投可免公开，当中虽有担忧公开竞投会推高地价的因素，也不免令人担忧"暗箱"之中是否会有利益输送。

当下比较热门的"夹心层"其实早前已现端倪。旧区居住环境需要改善，新生代的年轻人们需要成家立业，优秀的青年和技术人才也要解决住房问题才能安心在澳门工作。私楼价格持续上涨，另一方面公屋供应少且轮候时间长，住房问题越来越迫切。"上楼难"，更是容易引发社会问题，香港也许就是前车之鉴。

共成长

在我看来，这块承载了澳门城市未来10年至20年发展的新城区，或许是解决这些难题的关键因素。

在规划批复出来后，新城怎么建的公共咨询也随处可见。路氹每家每户似乎都收到了政府派发的宣传单页；电台、电视里也在反复播放宣传片断；走近科学馆，还会有智能机器人解说新城区总体规划；图书馆、医院很多地方也摆满了宣传的小册子，册子上印着"新城规划新梦想 你我参与齐共享"。

被动接受这些信息后，身边也有不少人开始主动去了解。理工学院的几场公众咨询会上，除了社团、业界人士，也开始多了些普通市民的身影。路过宋玉生公园、市政公园等展览点时，也可见到不少市民停下脚步，认真回答调查问卷，且不时还会与工作人员攀谈了解。

令我感动的是,事后政府公布的市民意见调查中,不少市民认真手写自己的建议,纸张都填得满满。当时两轮咨询过后,就有5000多普通市民表达了自己的意见,有报道指出:"澳门市民以前所未有的热情为新区建设献计献策,提出创想。"

普通市民的这些声音也得到了充分尊重:两次公开咨询后,政府将A区土地规划调整成了以"公屋为主"的居住用途。同时,还减少商业用地,增加了房屋用地,原来不过1.8万个房屋单位,增加到了2.8个公屋和4000个私人房屋。"夹心层上楼难"的状况,似乎有了解决方案。

"上楼"有了眉目,交通却仍有困惑。新城与港珠澳大桥人工岛和外港码头相邻,也成为了连接珠三角其他城市的落脚点,人流车流会不会让澳门更加拥塞,怎么迅速分流,也成了身边很多人争论的话题。前两次公众咨询之后,政府听取了市民担心扰民的意见,将轻轨路线西移,对外交通也承诺会跟进。

当然,还需关注的是澳门独有的世界遗产景观,紧挨着旅游塔的新城B区住宅限高规划100米,新城的天际线难道要变成"石屎森林"?城市的规划发展需要保证人民安居乐业,也要重视文化遗产保护。澳门人好不容易才拥有的本土文化特征,不能任由东西望洋景观失守,更不能丧失澳门人的社会认同和身份自豪感。所以,澳门这座城市不能任意野蛮生长,我们生活在这里的人更要发出自己的声音,参与其中,共同成长。

科学馆：贝聿铭与澳门的不解情缘

说到澳门的地标，除了大三巴、新葡京、旅游塔以外，科学馆应该算是一个比较让人印象深刻的建筑了。

作为澳门唯一以科学为主题的博物馆，科学馆的兴建投资了3亿多澳门元，2005年底填海，2016年10月动工，2009年落成，澳门回归十周年前夕对外开放，时任国家主席胡锦涛也到现场出席开馆仪式。

非常震撼的球幕影院

这座造型奇特的科学馆,外墙采用银色铝钢板和具有自然采光功能的玻璃幕墙,体现了科学、环保的设计理念。2万多平方米的主体建筑由斜圆锥体、半球体和菱形基座三部分组成。

斜圆锥体部分是展览中心,它与一般的科学馆布局不大一样,整个展览中心就像一个巨大的海螺,盘旋而上的坡道沿线分布着14个展厅。其中,12个展厅为长期主题展厅,2个为适时更换的专题展览厅。展出的大多是知识性、科学性和趣味性并重的互动展品。

更有趣的是半球体部分的天文馆。别看这个天文馆是藏在科学馆里面,它可是全球最高解像度的立体天文馆,被列入了吉尼斯世界纪录。我印象最深刻的是它里面有一个球幕影院,它拥有全球首个具备8000×8000像素、3D视觉效果的数码球幕播放系统,效果特别逼真。我记得有一部叫《飞行之旅》的3D影片,你戴上特制眼镜就可以随着影片的镜头进入达·芬奇的工作室,与发明热气球的孟格菲兄弟和发明飞机的莱特兄弟会面,体验搭乘了热气球、飞机及太空探测器的感觉,短短30多分钟可以学到许多与飞行相关的物理知识。

而菱形基座部分是会议中心,它包括地下一层及楼高两层的建筑,设有4个会议室和1个多功能会议厅。菱形既方又正,代表稳重、大方之意。

可以说,科学馆里设计美观、设施先进,它有着各种传统与创新并存的科普形式,不仅是每一位澳门青少年必到的校外课堂,也吸引了全世界各地的游客参观游览。

选址要有"水"

很多澳门居民和游客只知道这个螺旋式锥体建筑很特别,与氹仔隔海相望,非常之有特色,却很少人知道它的设计者是著名华人建筑师贝聿铭。

2019年5月16日,102岁的贝聿铭在纽约曼哈顿逝世,澳门科学馆将其网站主页设置成黑白两色,深切悼念这位享誉全球的建筑大师。关于澳门科学馆与贝老的故事也因此再一次被人们提起。

早在2001年,澳门特区政府就开始计划修建澳门科学馆。2002年,特区政府及澳门基金会派代表赴美国,邀请贝聿铭和贝氏建筑事务所为澳门科学馆绘制设计蓝图。而贝聿铭接受科技馆设计工作的条件之一,就是科技馆的选址必须由他决定。

不过,时任澳门基金会行政委员会委员林金城说,贝老接受这个设计邀请,主要还是因为他本身有着浓厚的中国情怀,十分重视民族感情。他一方面被特区政府和基金会的诚意打动,一方面自己也想为中国多作些贡献,所以他才接下这个项目,以示支持回归新生的澳门特别行政区。

澳门历史与"水"息息相关,因此贝聿铭对科学馆的选址要求首先是一定要在靠水的地方。当年他来澳门考察,从旅游塔居高临下,首先映入眼帘的是南湾湖。可惜南湾湖面积不大,而科学馆用地很多,因此不太合适;另一个考虑就是旅游塔对开的海面,但那里临近航道,土地扩充受限制,也不合适。

两个选址夭折,贝聿铭来到了澳门文化中心。这里交通便利,又处在著名旅游点"渔人码头"和文化中心之间,面向大海，风景开阔，可以吸引更多参观者。贝老在那里逛了一圈后觉得很满意，最终将选址敲定，才有了后来的填海和今天我们所见到的科学馆。

除了选址，科学馆外形设计的选择也颇有意思。

据说，当时贝聿铭起草的"澳门科学馆"概念设计方案有两个，一个是以三角形和玻璃为主的设计，另一个是外观呈圆弧形的设计，经过讨论研究，最终澳门基金会信托委员会采纳了后面的那个方案。澳门基金会行政委员会主席吴荣恪在接受访问时解释说，圆弧形外观寓意澳门社会稳定、祥和，大家都觉得这一概念设计更加契合澳门的主流社会价值观。

从大师作品看到情怀

没错，稳定祥和是澳门普通居民对澳门回归祖国20年来最大的感受。澳门的青少年能有机会在这样一个设备先进、配套齐全的现代化科技馆探索学习，不正是这种稳定祥和的社会环境所成就的吗？

贝聿铭是我特别喜欢的建筑大师。从法国巴黎卢浮宫前的玻璃金字塔，到卡塔尔多哈的伊斯兰艺术博物馆，从中国的香山饭店再到日本的美秀美术馆，从香港的中银大厦到澳门的科学馆，贝老用最美、最极致的设计征服了世界。

贝聿铭说建筑，说的也是文化情怀：他喜欢音乐，因为音乐与建筑相通；他也很喜欢韩愈的散文和诗，更爱陶渊明的文章，他曾经说："昌黎先生的《祭十二郎文》读来催人泪下，而陶渊明的《归去来辞》和《桃花源记》却是韵味十足。"

从他身上，我们不仅能看到家国情怀，还能看到中华文化的传承和创新。

一代建筑大师离世,留下数不尽道不完的故事。曾经有人这样评价贝老:"贝聿铭是一个难得的跨文化样本,他从东方和西方两种截然的文化土壤中汲取了精华,又游刃有余地在两个世界里穿越。"而我想说,传统与现代并存的澳门,何尝不是东西方文化交汇产生的瑰宝呢?澳门这个多元文化基地,何尝不是推动中华文化传承和创新的理想平台之一呢?

冥冥之中,贝老与澳门结下了不解之缘,而澳门科学馆无疑是这份特殊情缘的最佳见证。

澳门人不用羡慕苏州有贝聿铭大师的作品,澳门也有!它就是澳门科学馆!整幢建筑由展览中心(即主体大楼)、天文馆、会议中心、裙楼组成,室外安装有扶手电梯。馆内硬件设施先进,在天文馆天象厅安装有放映三维效果的8000×8000像素影像球幕,为世界顶级的室内影像放映设备。

◆ *2010*

繁华背后的澳门武林

2010年11月14日,中国澳门选手贾瑞以近乎完美的表现夺得男子刀术棍术全能冠军,中国澳门代表队实现亚运金牌"零的突破"。这一年,对于澳门市民来说,最为振奋的事情莫过于此。

贾瑞,在此之前,提到这个名字的时候,人们会以为是在说红楼梦里的人物。但是从那以后,澳门人都认识了他,当时的他年仅23岁。

正是贾瑞,以武术项目为澳门夺得了史上第一枚亚运金牌。反过来看,如果不是澳门,贾瑞也不一定能取得如此辉煌的成绩。

其实早在2005年东亚运动会的时候,贾瑞就已经崭露头角。那年他在长拳项目的比赛中战胜内地选手夺得冠军,一战成名。只不过,同样是金牌,5年后中国澳门代表队的这枚亚运首金,意义来得更重大一些。

保家卫国，行侠仗义

在众多的体育门类当中，武术似乎与澳门的渊源最深。对于澳门来说，中华武术向来都是一项重要的文化传统，很多武馆往往也会起个名叫"某某体育会"。

离澳门关闸边检大楼不到1公里的渔翁街南丰大厦楼顶，每天晚上都会传出阵阵鼓点声，那是澳门罗梁体育总会的年轻人们正在练武。成立于1938年的罗梁体育总会，算是澳门功夫界的"老店"。当年，广东武术名家罗悦胜和梁国荣为躲避战乱来到澳门，创建了"罗梁兄弟国术团"（罗梁体育总会前身）。

澳门因为紧邻武术传统氛围浓厚的广东，本身拥有良好的社会基础，方世玉、黄飞鸿均有传人在澳门。在战祸连连的年代，很多华南武术名家为躲避战乱纷纷来到澳门。不少人开宗立派，并以澳门为基础，把武馆开到香港、台湾，甚至马来西亚、印度尼西亚等地。罗梁体育总会只是澳门众多武术团体中的一家。

在事关民族危亡的战乱年代，保家卫国、锄强扶弱、自强不息成为澳门武术界的行事原则。在大三巴往东不远的地方有一个武术团体，叫"柿山结义堂"。武馆内供奉着一支生满铁锈的三股叉，这支三股叉是"柿山结义堂"开山祖师李五福的兵器。李五福擅长五形洪拳，抗日战争期间更是参加十九路军抗日大刀队并担任教头，趁黑夜和敌人贴身肉搏砍杀。后来因伤病英年早逝，后人为了纪念这段历史，将其使用过的这支三股叉置于馆内供奉。

无论是战时支持前线，还是内地遇上洪涝、地震灾害，或者扶助澳门本地弱势群体,各个武术团体都会以义演和募捐等形式出一分力,颇有行侠仗义之武林遗风。就算是1954年轰动一时的门派之争——"澳门龙虎斗",也是为澳门镜湖医院、慈善组织同善堂和香港石峡尾六村大火灾民筹款活动准备的压轴节目。

"澳门龙虎斗"催生新派武侠小说

20世纪50年代,吴氏太极传人吴公仪南下开馆授徒,白鹤派掌门陈克夫作为代表,向吴氏太极挑战。两人为了各自门派的利益,先在报纸上互相攻击,后来相约在澳门新花园擂台比武,一决雌雄。这就是名动江湖的"澳门龙虎斗"了。

当时,香港、澳门的多家报刊对这场公开对决大肆渲染。比武当天,当时人口区区10万的澳门涌进来两万名观众,时任澳门总督史伯泰夫妇出席,时任香港总督葛量洪的夫人剪彩,何厚铧的父亲何贤担任总裁判长。观众里还有两个《新晚报》的香港记者,一个叫陈文统,一个叫查良镛。

比武原定六回合,但3分钟后两人便双双挂彩,交手过程完全是王八拳互抡,场面尴尬,主办方急忙宣布比武结束,两人"不胜,不负,不和",让围观群众大失所望,轰动一时的武林传说也就此偃旗息鼓。然而,台下那两个香港记者却看出了"门道",还因此风生水起。

比武后的第3天,陈文统就以"梁羽生"为笔名,创作了他的处女作《龙虎斗京华》,在《新晚报》连载发表,大受欢迎。而查良镛则以"金庸"为笔名,开始了其第一部作品《书剑恩仇录》的创作。这场"澳门龙虎斗"激发了他们的灵感,香港新派武侠小说从此发端，逐渐形成华人世界延绵至今的武侠文化现象。"澳门龙虎斗"也被认为是促进新派武侠小说诞生的大事件。

文化传承

到了和平繁华年代，很多老一辈习武之人都担心武术传统后继无人，但是在澳门，学武术的年轻人并不少见，习武已经成为年轻人强身健体的一项体育运动。

目前，澳门武术总会登记在册的武术团体就有103个，会员8200多名。算下来，现今澳门60多万人口，每100人中就至少有1人习武。澳门70多所中小学里，有22所开设武术课余活动。每年暑假，澳门特区政府教育暨青年局和澳门武术总会都会合办假期武术兴趣班，传授长拳、南拳、龙狮等入门基础。

20多年来，澳门先后成功举办了世界武术锦标赛、亚洲武术锦标赛、东亚运动会武术赛、亚洲青少年武术锦标赛等大型武术活动。由澳门中华民族传统体育协会主办的澳门国际武术节，自2012年开始已经连续举办了八届，成功搭建起一个高水平的武术切磋交流平台，成为澳门乃至全球武术界的盛事。

2014年，实现武术国际赛事大满贯的贾瑞选择退役。结束22年运动员生涯的贾瑞全身心投入中国武术文化推广的事业中。他创办了"诗词功夫"品牌，把中国武术与诗词结合起来，使其成为带动青少年学习传统文化的一种新型文化项目。

在信息发达的现代社会，如何把中国传统武术文化发扬光大，澳门的习武之人依然在不断探索。到了2016年，澳门特别行政区政府还创办了"武林群英会"，广邀本澳和世界不同国家及地区的武术运动员同台竞技，切磋武艺，通过在活动中融入武术历史、功夫精髓及传统文化，致力打造一个全新的武术体育品牌。这足见武术传统在澳门依然有着十分强大的生命力。

◆ *2011*

原来他们是澳门人

2011年,我创办的时尚生活杂志开始有点起色,多了很多读者追捧。我记得春节前后,有读者兼好友突然跟我说,哇,梁洛施分手了啊,你们要不要报道下,大八卦啊。

明星分手其实很常见,为什么好友这么激动,原因有二,一是因为男方是"首富"李嘉诚的儿子,二是因为梁洛施也是澳门人。

最富有单亲妈妈

中英葡混血的梁洛施生于澳门,父亲是葡萄牙人,来自澳门名门殷理基家族,但在梁洛施出生后不久即过世。由于梁洛施始终未获殷理基家族承认,所以她跟随母姓。移居香港后,12岁就被"英皇"(英皇娱乐集团有限公司)看中,16岁在香港出道,被视为"新一代玉女接班人",18岁就凭回到澳门取景的电影《伊莎贝拉》勇夺葡萄牙电影节的影后,20岁那一年,和原公司"英皇"闹翻之后,男友李泽楷出资2亿为她解约。之后,她为男友前后诞下3名男婴,本以为她母凭子贵,鲤跃龙门,殊不知一年不到,她又发表声明与李泽楷分手。这段传奇人生经历,一直是澳门读者们的谈资。

如今的梁洛施,坐拥天价赡养费,深居简出,将带孩子作为自己的"主业",当兴之所至又或是戏瘾发作时才会视乎心情决定何时出演一两个角色来"过戏瘾"。坐实"最富有单亲妈妈"之名的她,过着让所有人仰望的生活。刚刚度过31岁的她,在网上公开庆祝生日的照片,看上去依然亮丽、依然传奇。

澳门小生多英俊

如果说梁洛施是澳门人中最传奇的电影女明星,那么方中信可能就是澳门人中最帅气的电视男明星之一了。生于澳门的方中信,父亲是赌场荷官,而他则在澳门粤华中学毕业之后到香港做模特,1986年被介绍入影视圈。多年来一直出演帅哥的他,人到中年后,演绎成熟男士角色驾轻就熟,一身满满的男人味,说他是澳门街最靓的仔,一定不少人认同!最难得的是,方中信从来不摆明星架子,在街头见到他并认出的话,要是上前求合照,只要不是忙于公事,他都会面带微笑尽量满足。好男人的口碑就这样传开,说不定有一天,你们偶遇到他,就能印证传言属实。

同为TVB小生,除了方中信之外还有一位澳门人,就是好朋友陈山聪。出生在澳门的山聪,在1992年参加无线电视以模仿四大天王为主题的歌唱比赛,主唱其偶像刘德华的歌曲《长夜多浪漫》而被评判之一的刘德华赏识,一年后成为刘德华当年成立的新公司New Melody力捧的偶像歌手,也是该公司唯一推出的新人。目前,经常出现在TVB剧集中的山聪,工作多在香港,一旦澳门的亲朋好友们有什么活动、大事,都会赶回澳门参加,可谓十分重情重义。

不为人知的"音乐之城"

山聪是因为唱歌出道,其实在澳门因为音乐而出名的艺人明星也十分多。身边好几个好朋友,例如小肥(成名曲《宠物》)、倪力(成名曲《Marjoice》后来被张敬轩翻唱为《风起了》)、先后参加过"超级巨声"和"超级女声"的陈慧敏,以及作曲家李峻一,都是大家熟悉的乐坛人物。

说起作曲,另外一位作曲家陈辉阳同样是澳门人。他的作品,相信最少会有那么几段旋律曾经触动你的心灵。比如唱出失恋心声的陈奕迅《K歌之王》、梅艳芳最后的经典作品《相爱很难》、杨千嬅讲述初恋少女心事的《少女的祈祷》、卢巧音颓废到极点的《垃圾》……而作为土生土长的澳门人,在澳门回归十周年的大日子，陈辉阳作了一首《澳门之歌》，由刘德华主唱，作为澳门回归十周年的主题曲。很迫切想知道，2019年适逢澳门回归二十周年，陈辉阳又会给澳门带来什么样的礼物呢？

除此之外，最潮流的恭硕良、近期大热的RubberBand主音缪浩昌，以及经典歌后肥妈Maria，都是澳门的优秀出品。近期肥妈Maria热议"大湾区"的视频，据说全网播放量都上千万了。

有经典歌后，当然也会有经典歌王，这个可能就真的很多人都不知道了，尤其是年轻人会觉得十分陌生。这里要说的，当然就是同为澳门人的歌王叶振棠。不知道吧？但他的歌，可能读者的爸爸妈妈或者爷爷奶奶都会唱哦，例如《忘尽心中情》《大侠霍元甲》《人在旅途洒泪时》……叶振棠则是生于澳门长于澳门，他还有一个很出名的远房长辈：澳门"赌圣"——叶汉！在何鸿燊成为澳门"赌王"之前，叶汉就是澳门赌界最令人瞩目的风云人物。关于"赌王"，我在另一篇文章会详细讲到。而叶振棠原唱的歌现在在卡拉OK里面，被人点唱最多的可能就是和霑叔（黄霑）合唱的一首《难为正邪定分界》。

上面说到这些艺人，你未必知道他们是澳门人。但有一个组合，你一定知道他们是澳门人。因为他们几乎已经成为一代澳门人的记忆，也是在电视广告上最常见的。谁？"大三巴，观音像，妈阁庙景致真优美！最开心，×香园，×香园，买手信，买手信……"容我在这里打个小小的广告，但这段广告歌，确实在澳门的大街小巷都能听得到，更是不少TVB电视迷的童年回忆之一。主唱者Soler组合，在粤港澳大湾区里人气一定不低。双胞胎兄弟突出的混血外形，鲜明的摇滚台风，用现在内地流行的说法嘛，就叫做"痞帅"，凭一首翻唱的《风的季节》，在内地登台时总能博得全场合唱。其中哥哥Julio的发展又比弟弟Dino好一点，前些年出演了票房大爆的《澳门风云2》，和发哥、嘉玲姐有不少对手戏。2012年的时候，这个组合和经纪人公司有合约纠纷，一度欠下600万巨债被迫申请破产，但澳门人乐观向上的精神支持着他们依然留在这个圈子。"揾食"（谋生）艰难，但坚持走下去，这条路总有一日会越走越顺，你们说是吗？

通篇下来，几乎都在说音乐人，那么最后就送上一个关于"澳门音乐人"的彩蛋了——可能很少人知道，中国最杰出的音乐人之一——冼星海，同样是出生在澳门，并且还是来自澳门极具特色的疍家家庭，他在澳门生活到6岁才随母亲前往新加坡。现今在澳门文化中心门前的那条马路，就叫"冼星海大马路"，以纪念这位音乐天才。

看到这么多出色的音乐演艺明星，就知道，其实澳门是一个多么富有艺术细胞的地方了。

◆ *2012*

驹哥,你好呀

这一日,我去氹仔探访一个朋友,停好车,跟着朋友后面走入屋苑的电梯。然而进到电梯里面才发现,前面几个壮男中间,站了一个以前在电视里面才能见到的风云人物,这位大叔看上去挺随和的,但我还是忍不住稍微颤抖了一下,小声地打了个招呼:"驹哥,你好呀!"

濠江风云

澳门只有一个人叫"驹哥",就是花名"崩牙驹"的尹国驹。驹哥在1999年回归前因多项罪名入狱,2012年刑满释放。

澳门地方小,人与人关系密切,与江湖大佬做邻居并不是什么新奇事。在1999年澳门回归前夕,深夜有人在我家不远处开了一枪,"砰"的一声巨响吓死我了。而传闻之中,1999年澳门回归前发动黑帮仇杀、炸警司座驾、掀起一片腥风血雨的人,就是眼前这个壮实的大叔。其实对于一个澳门人来说,也应该是见识过濠江风云的,内心纵然排山倒海,表面却能"定过抬油"(波澜不惊)。见到驹哥,这可能就是我30多年人生以来最接近黑社会的一次。后来我去暨南大学读书时,有些广东的同学(尤其是男同学)就曾经跟我笑说,他们其实不太知道澳门的特首是谁,只知道何鸿燊和崩牙驹。

关于驹哥的传闻,整个澳门随便一个人都能说出几个来。例如,他是黑社会组织14K的首领,他曾涉嫌炸毁警察司司长的座驾,他跟香港的黑社会组织的龙争虎斗,等等。而当中最言之凿凿的,就是他曾经公开接受《时代周刊》及《新闻周刊》采访,并提及澳门黑社会及承认自己是"江湖人士"。他更出资拍摄自传式电影,名为《濠江风云》,由演员任达华、方中信等主演。据说,这些后来都成为他获罪的证据之一。

除了《濠江风云》之外,尹国驹的真实写照其实在《古惑仔》中也有体现,相信看过《古惑仔》的网友记得有一集中陈浩南(郑伊健饰演)受命于蒋天生去澳门解决生意上的事情,后来被人伏击差点送命,其实这段就是尹国驹的真实经历写照。而可能是受到澳门的一些传闻吸引,香港电影《古惑仔》

系列也多次在澳门取景。

根据采访报道,驹哥出生在新桥区青草街,父亲是个自来水厂的工人。他对父亲最深刻的印象是,他在10多岁首次与女友约会,父亲非常紧张,给了他一点钱去拍拖。

报道又说,他15岁时,终于挨不住酒楼工的辛苦,开始联群结党干起炒卖黄牛戏票的勾当。在当时来说,黄牛党是偏门生意,崩牙驹一班童党就因为争地盘与其他小帮会发生过不少冲突,由于体格结实,他成为党内的小大哥,开始踏足江湖路,赚来的钱亦令家中环境改善了。16岁,他托人买了一部"绵羊仔"(小型摩托车),四处练车,由于他为人好胜,一次意外,一只门牙就此报销,被同伴谑称为"崩牙仔",从此就有了"崩牙驹"这个称号。

历史遗留下来的势力

澳门的黑社会历史悠久,实际上,澳门开埠历史比香港久远,故其黑社会的历史也比香港长。18世纪中叶,英国在澳门设立"东印度公司",其劳力大部分为华人。人一多,为争权益为夺地盘,纠纷摩擦时时发生。不久,一华籍工头组织了一个叫"友联"的团体。据说劳工加入这个团体,便能得到某种"保障",但必须把工资收入的十分之一用于交纳会费。因其组织者有洋人当后台,不参加"友联"的劳工立即会被解雇。于是,迫于无奈,劳工大都加入了"友联"。"友联"的实质不是为工友谋利益,而是秉承主子的旨意,控制并盘剥劳工的黑社会组织。时隔不久,另一华人头目也在洋人的支持下组织"友乐馆"。"友乐馆"虽不硬性规定所收会费的数额,但在其馆内开设赌场，抽头取利，于是，工友的血汗钱大都被"友乐馆"尽数榨去，无法生存者被迫借高利贷，无力还债者不得不干些偷抢勾当。

而随着第一次世界大战的爆发，很多欧洲国家严重缺乏劳力，"卖猪仔"生意也在澳门盛行起来。"猪仔"是对华人劳工的蔑称。一批批的华人劳工被卖往外埠，称为"卖猪仔"。华人中有的遭受天灾人祸无法为生，便自愿到外埠出卖劳动力聊以糊口，也有的被黑社会人物欺骗或逼迫，不明不白地被卖到他乡异国。于是，出现了专门从事卖猪仔生意的"利庐"，"利庐"的头目是当时澳门最有势力的"猪仔头"，拥有近百个叫作"马仔"的爪牙，遍布澳门的各个角落。"马仔"们经常进出赌场，遇到年轻力壮的华人，便慷慨借钱给他。他若赢了，"马仔"便高利收取本息，若输了无力还时，便强迫对方去当"猪仔"。有时，"马仔"若在僻静处遇到单独行人也会劫持而去卖为"猪仔"。

众所周知，博彩业是一个比任何行业的收入都要丰润的行业，围绕澳门赌场有关的生意还有酒店、夜总会、食肆等，此外还有叠码仔、高利贷、卖淫等非法收入。进入20世纪60～70年代，由于香港黑社会势力的渗透和影响，澳门淳朴的民风也起了变化，青少年大都以加入黑社会为荣。于是，澳门黑社会组织愈加兴旺，整个澳门顿时天翻地覆，持械行劫者、黑夜破门者、谋财害命者，比比皆是。其时，黑社会人数已逾万人，澳门黑社会组织也同香港一样，除了偷抢劫骗之外，大都依赖贩毒、色情与赌博。澳门赌场触目皆是，每个赌场都得聘请黑社会人物当"纠察"，这便给黑社会人物提供了极好的发放"高利贷"的机会。其高利贷也明显带有讹诈成分，数日内本息便能翻一番，黑社会单从这一项上便能捞取大量的财富。

"崩牙驹""街市伟""水房赖"

1956年,台湾当局派遣特务到香港。香港黑社会3万余成员发动大暴乱,港英当局为平暴乱,将大批黑社会头目递解出境,其中大部分人到了澳门。这些人经过1958年和1961年与澳门当地黑社会组织进行火并较量,最终占据了上风。当时,澳门黑社会组织已达20多个,最大的当数有万余人之众的"14K",崩牙驹据传为该组织头目。

当时澳门黑社会组织的主要犯罪活动包括:经营各种非法博彩活动;操纵彩票、奖券等活动;在各赌场内"坐馆""收数"(要账);在赌场内放高利贷等;经营娼妓活动;从事区域性、国际性贩毒活动;从事非法出入境及非法移民活动;实行跨境犯罪,对于自己不便出面的犯罪,就到内地或香港聘请不法之徒,安排其偷渡到澳门,实施犯罪后再将其安全送还。

澳门回归之前,澳门黑社会组织涉足多个行业,各位大哥也十分风光。年轻人口中,谁不能说上几句"崩牙驹""街市伟""水房赖",似乎就是跟不上潮流。而澳门回归前后,又以尹国驹入狱为节点,从此澳门日趋平静。回归之后,赌牌开放,经济好转,在澳门大家都有饭吃,为争利益的火并也不见了踪影。许多黑帮开始转行做正当生意或者相对擦边的生意,大街上几乎再也看不到电影里那些打打杀杀的场景。

对于尹国驹入狱案件,之后其实仍有不少争议,驹哥本人也曾在香港媒体上透露他的种种不甘心。但随着尘埃落地,时过境迁,似乎也没什么人再讨论过去的种种了。反而是出狱后的驹哥,借着他过往的声望和商人身份又重返新闻热点。

跟上潮流的驹哥很快就开展了自己的第二个业务,在海外搞起了"区块链金融",据说还要发"洪门币"。而受此启发,驹哥自己创办了"洪门文化协会",表示要将华人这种"传统文化"再次发扬光大,让海外的华人同胞团结互助。说到做到,在"洪门文化"这个品牌下,驹哥陆陆续续推出了"洪门啤酒""洪门白酒""洪门香烟"等。其中最为人惊叹的是,有传言说他已经跟帕劳总统雷蒙杰素协商好,租下一大块区域,签订99年租约,建立"帕劳洪门经济特区"。

风云变幻都是过眼云烟

今日澳门,各种事业欣欣向荣,很难想象这里20年前,还是一个黑帮割据的龙争虎斗之地。那个时候,隔一个月就有开枪的新闻。我那时读中学,男同学最爱开玩笑说请你食"莲子羹",其实就是被子弹打满身的意思。那个时代的乱象,随着澳门回归祖国,特区政府管治得力,翻天覆地才有了今天。而当年的始作俑者,或已经得到法律的制裁,或已经走上正途。

濠江自古就是个风起云涌之地,从海盗到"大佬"到"赌王",枭雄并起,皆尽风流。

用人类去火星的钱,澳门人只能建氹仔专线

大家都知道澳门是个有钱的城市,但是"地主家的傻孩子"经常会做些荒谬、吃力不讨好的事来,钱花了却越做越错。澳门人有个"有生之年"工程,即大家有生之年都未必能见到完成的工程,就是美国花500亿可以去探索火星,而澳门人花了500亿澳门元,可能只能在氹仔游一圈,连澳门岛都未去到的"轻轨"。

2019年8月,澳门特区政府运输基建办公室对外宣布,轻轨氹仔线将于澳门回归二十周年纪念日前运行。轻轨氹仔线共设11个车站,连接了氹仔海、陆、空三个重要口岸,虽然在兴建过程中产生了诸多"不可抗力"的因素,导致预算一超再超,令澳门人心中一直意难平,但这条史上最昂贵的城区交通工程,终于要迈出第一步,正式通车了。说实在的,在我们有生之年,是否真的可以看到轻轨由氹仔去到澳门本岛?这还真是未知之数。

第一阶段：想到就干——最初的遐想总是最甜蜜的

每天我们开车经过氹仔，都已经对大型轻轨高架习以为常，更对它们存在已久又不能通车的事实习以为常。由几十亿的预算到几百亿，买了的车又不能和路轨配合这种"搞笑"新闻我们也十分麻木，到底为什么一个现代化又有钱的国际城市，建一条轻轨就这么难呢？

早于2001年底，时任澳门特区行政长官何厚铧发表的《2002财政年度施政报告》中提出："为解决城市交通问题，政府将会引入全新的集体交通系统。"记得那时候，我还在广州求学，每天乘坐当时刚兴建完毕的广州地铁一号线，给我带来了极大的便利，当听到特首的施政报告后，我的心里充满了期待："以后在澳门，地铁有了的话，就更方便啦！"

有了意向后，澳门特区政府想到就干，2002年特区政府便委托香港地下铁路有限公司（就是现在的香港铁路有限公司），进行澳门城市轨道交通系统的前期研究。到了2003年2月，特区政府正式开展构建轻轨系统的研究工作，并在首份可行性研究报告中确定了本澳建造轨道运输系统的目标及需要，并建议本澳采用轻轨系统。不仅如此，报告还详细分析了一系列以服务住宅区、商业区和旅游区为主的概念走廊。可以说，那时候的特区政府，给澳门市民们画出了一张美味的大饼。

第二阶段：开始扯皮——理想很丰满现实很骨感

在其后的两三年里，特区政府再对轻轨系统展开深化研究，在公众咨询期间，一些细节上的问题也渐渐浮出水面，如报告方案存在站点设置过密,且未能照顾高密度住宅区等问题。那时的我已经投入社会开始工作,也明白了一句话:"理想很丰满,现实很骨感",画出来的大饼总难以迎合所有人的口味,也牵动了一些人的利益,争吵声渐渐变得大了起来,但特区政府还是在2007年底,推出了《澳门轻轨系统的优化方案》,同时还成立了专门的运输基建办公室,负责协调整个轻轨系统的设计及建造,并计划将来轻轨系统的运作安排。

到了2009年底,运建办公布《轻轨系统第一期2009兴建方案》,当中提到的轻轨经过澳门半岛内街的安排,在澳门市民中引发了一场轩然大波,为了避免因轻轨兴建而带来的噪音、隐私暴露、火灾等隐患,澳门市民甚至成立"社区发展协会"进行抗争,并与政府进行长达数年的拉锯战。为此,轻轨新口岸段线路久久未能落实,在此过程中,因为双方都有着各自的理由,最终无法达成共识,多少个谈崩的甲方乙方,不都经历过这样的一幕吗?

第三阶段:正式动工——带来不便也看到了……希望?

粤语里有句俗话叫:"丑妇终须见家翁",时间来到2012年,轻轨系统在众多争议声中正式动工,各路段的工程相继启动施工,这标志着已经谈拢的氹仔段的轻轨工程已经全面展开(至于澳门半岛的另一段,依然还在扯皮中)。对我来说印象最深的是,一时间,氹仔多出了好多路段的"施工绕行",要过去氹仔办事,最起码要提早大半个小时出门。不停掘路,是那时整个城市的主题曲。那时的我常常缓慢地开着车跟在堵车的浪潮当中,看着前面无边无际的车龙,不禁想:"唉,忍忍吧,轻轨建好了就会好起来了。"

而结果,就像梁朝伟在《无间道》里说的:"三年又三年",一晃七年过去,我说一句难听一点的:"好命的话仔都生埋(指时间长到可以找女友、结婚甚至生育出儿女了)"。最终,美国太空总署(NASA)的火星计划已经成功,我们澳门人花一样的钱,却只得来一个"迷你轻轨游氹仔"。

虽然轻轨氹仔段已经开通,但澳门人的轻轨"计划通"梦想似乎还很远,这个"完整版"大饼的正式出品时间,在立法会议上被通知又往后推迟了5年,延期到2024年,关于轻轨的造价估算、线路修改等诸多问题依然存在。这让我想起10年前,时任澳门特区行政长官何厚铧所说,澳门修建轻轨是"细路仔做大人嘢"(小朋友做大人做的事),事情做不好可以理解。但放眼粤港澳大湾区,在过去10多年里,广州和深圳先后修建了10多条地铁线路,其成功经验,是否可以让同为粤港澳大湾区核心城市的澳门取取经?

希望在不久的将来,澳门的地铁线路不再是全城的"段子",也不再是"氹仔专线",而是真正能成为方便于全体澳门人的交通工程。像已经成为企业负责人的我,会设定公司的短、中、长期计划,明确目标,才能给员工以信心。现在,关于澳门轻轨的短期计划已经实现了(最起码,轻轨已经开起来了),至于以后的事,新一任的特区政府成员们,能交出一份令人满意的答卷吗?不仅是澳门人,包括内地自由行游客,乃至世界各地的游客,都在看着呢,"唔好再衰俾人睇啦(别再让人笑话啦)!"

◆ 2013

与我共舞吧,来自异乡的澳门故乡人

对国人来说,澳门是返家不久的游子。对葡人而言,澳门却是一座刻满记忆的城市。通过澳门,葡萄牙人进入中国,也进入他们的辉煌历史。

许多游客也许会先问澳门哪里好玩?而来自葡语系国家的人,他们会看到完全不一样的城市。他们会在这里读到一部活生生的历史。而最让他们感慨万千的,除了大三巴,也许就是龙环葡韵了。

对我而言,龙环葡韵也是内心深处的一个秘密花园。

从人声鼎沸的威尼斯人酒店出来,走上人行天桥,途经自动步行系统,沿着它走到尽头,右转,就会看到龙环葡韵———个完全不一样的澳门。

建筑

如果你和我一样,特别是在一年中夏季的时候来这里,映入眼帘的一切,会把你带入一个清凉的世界——薄荷绿、浅粉、芽黄,甚至有淡淡的蒂芙尼色。身上不必披有各种姹紫嫣红,只需衣柜里最精致的小黑裙,你便成了安静的女主角。

比起游人如鲫的大三巴,这里静如处子,时常可见三五成群的本地年轻人、围着披着洁白婚纱的新娘。然而这里又是很多人刚到澳门的第一印象——机场大厅巨幅的墙面装饰,就是这里的建筑。

这里面积不大,穿着高跟鞋也能轻松走完,但这里恬静安宁,让人忍不住慢下脚步。教堂、别墅、博物馆和小花园串联成了澳门这个密集城市里的世外桃源。偶遇庭院的参天大树,墙头的铁花洋灯,拐角处冒出头来的鲜花,小巷里推开一扇门就能闻到咖啡的香味,这一切似乎都在我耳边细语:停下来慢下来吧,细细品味这份宁静。

是的,这里曾是澳葡政府高官的官邸,也是土生葡人在澳门的聚集地。400年来,葡人与华人、马来人、印度人结合交融,对他们而言,这里是故乡也是异乡。在这些葡式建筑上,能明显看到遥远的葡萄牙痕迹,又能依稀感受到似曾相识的岭南风格。步入生活馆,一楼客厅厨房里欧式的装潢,色彩跳跃的同时又兼具深沉的气质,屋内还摆放着中式家具,融合了东方人习惯的用品;二楼最为隐私的卧室里,宗教信仰的标志更为显著。

文化

除了葡式建筑,葡人对龙环葡韵的丰厚感情,也许还来自一个有着20年传统的节日——每年10月在此举行的葡韵嘉年华。这个从1998年就开始举办的盛会,原本只是为了庆祝葡侨日,表彰对本澳发展做出杰出贡献的葡语人士。经过社会各界多年的经营和参与,对生活在澳门的葡人而言,葡韵嘉年华已经有点像中国人心目中的春节和巴西人心目中的里约热内卢嘉年华的混合体,是他们从年头就开始期待的最重要的节庆。

对我而言,记忆最深的,是2013年的葡韵嘉年华。

为了迎合嘉年华气氛,每年接近这个节日时,附近街道就会多了葡萄牙传统风格装饰,与此前的安静不同,这里仿佛一下子就狂野热闹了起来。

自400多年前葡萄牙人登陆澳门后,葡语系的国家及地区人士就在这里交融生根,他们来自欧洲的葡萄牙,南美洲的巴西,非洲的几内亚比绍、安哥拉、佛得角、莫桑比克、圣多美和普林西比,亚洲的东帝汶及果阿、达曼和第乌等地。在澳门街头,除了随处可见的葡式建筑、餐馆外,在旧城穿梭,偶尔也会听到葡语音乐或对话,但在葡韵嘉年华的节日里,似乎所有说葡语的人士都集中到了这里,他们三五成群穿着自己民族的节日盛装,脸上带着热情的笑容,一路走走停停,合影留念。

一连三天,这里都有设摊的集市,摊主们仿佛在庆祝遥远故乡的节日,身着盛装,虔诚又热情地介绍故乡的音乐、书籍、手工艺品、特色食品或是一些记载着故乡风情的物杂。在一位棕色皮肤的巴西阿姨摊位上,颜色热烈、花纹夸张的手工包极具南美风情，除了我还引来了不少人的围观挑选。几内亚比绍的摊位上，陈列着满满的非洲木雕，个个都姿态各异，引来不少好奇的人围观。

在一个标志着莫桑比克的摊位上，为了让人了解这个远在南非的海岸国家，摊主用面包树果实表明非洲身份，用腰果告诉你莫桑比克是世界上最大的腰果生产地。更有趣的是，市场上常见的罗非鱼原来也是来自莫桑比克，摊主介绍，19世纪50年代广东人开始引进养殖时，由于中转地是越南，罗非鱼一度被命名为"越南鱼"，直至后来才被正名为"非洲鲫鱼"。

一路走走停停，驻足观望反倒有些累了，到市政公园歇脚时，女生减肥事业最大的敌人出现了：除了熟知的葡挞、猪扒包，还多了很多新鲜的小吃，来自巴西的黑豆猪手或许能补补胶原蛋白，果阿的咖喱不知道会不会比印度的咖喱更为浓烈，几内亚比绍的花生汤也许并不会带来多余的热量和脂肪，渴了还能喝上一杯老板亲自调制的红酒宾治。

盛会

吃太饱慢慢走到嘉模堂前地，那里聚集了很多欢乐的人群，尤其多了很多开心的小孩子。手动足球的桌前聚集的多是热爱足球的男青年在一较高下，一群女孩子套上大麻包跳着蹦向终点。就连高高的爬铁杆，也有勇气十足的小孩子前来挑战，努力拿下杆上的奖品，原来这些都是葡语国家的传统游戏。

不觉间夜幕降临，嘉模广场和圆形剧场的精彩节目开始上演。驻足观赏了一下热情的桑巴后，耳边听着轻歌妙韵，白日里出摊的档主们此时也在跟着轻声唱合,那是他们熟悉的音乐。能在这么狭小的地方聚集起不同文化的人群,各有特色却又和谐共处,我竟然感动起来,也许这就是这座多元又包容的城市的魅力所在吧。

盛会归来,偶然见到有报道称中国—葡语国家经贸合作论坛于2013年11月召开,2012年中国与葡语国家进出口商品总值为1284.97亿美元。中葡经贸合作论坛迈入第十个年头,中国和葡语国家双边贸易额过去十年来也以倍数增长。

"一中心、一平台、一基地"("世界旅游休闲中心""中国与葡语国家商贸合作服务平台""以中华文化为主流,多元文化共存的交流合作基地")是澳门重要的发展定位。听起来有点抽象,但只要参与过葡韵嘉年华,定能体会到弥漫在空气中多元共存的文化气质,更可以感受到那种浑然天成的休闲和自在。

◆ 2014

习近平总书记给澳门的几封"家书"

2019年,两封来信在澳门引起了热议:一封是重阳节习近平总书记给颐骏中心30位老人的回信;另一封是在"六一"儿童节寄给了濠江中学附属小学的孩子们。两封信都寄上了节日祝福和温馨的问候。而2018年,澳门科技大学和澳门大学也曾收到习近平总书记的回信,信中也表达了对澳门的高校师生诚挚的问候。

其实早在5年前的2014年,习近平总书记到澳门参加回归15周年庆典时,我身为一个普通的澳门市民就切身体会到了,习总的回信对于澳门街坊来说,实实在在,亲切如同"家书"。

开心

记得2014年的12月,有些冷,气温一度降到了8摄氏度到9摄氏度,不时还下着微微的细雨。习近平总书记要来澳门参加庆典的消息还未正式公布时,街头巷尾就已经有了不少热闹的迹象:各个广场和街心公园,带有"回归"和"15"字样的彩灯已经挂上,街边绿化树的修剪次数都频繁了许多,还摆上了不少鲜花,处处都是红色喜庆的主色调;西望洋山附近也多了不少巡查的队伍,后来才知道这是主嘉宾们下榻的酒店;一连串的大巡游活动已经在预热,蜂拥而至的游客虽然多但路面秩序井然。

一名年过六旬的阿婆也说,澳门城市经过装扮后变得更加漂亮了,感觉所有的人都好快乐,希望今后能一直快乐下去。是的,置身其中,我也变得快乐了不少。

2014年6月,在澳门生活了几年的大熊猫"心心"不幸因肾衰竭去世,只留下"开开"形只影单,大家都十分伤感。这两只大熊猫是回归10周年之际中央政府赠送的礼物,市民都盼望着15周年之际能再有大熊猫来陪伴。

习近平总书记回应了澳门市民心愿时说,中央政府决定再赠送一对大熊猫,希望它们在澳门健康成长,给澳门同胞带来欢乐。这一消息让全澳市民都十分高兴,热切盼望的喜讯终于来了。

要知道,"开开"和"心心"这两个名字是澳门市民选出来的,不仅亲切可爱,寓意欢乐,代表了大家的美好愿望,在澳门也早已深入人心。所以后来的新大熊猫"娅林""蜀蓉"也继续沿用"开开""心心"的名字。更值得开心的是,两年后,这两只大熊猫生下了一对双胞胎,也就是大家熟知的"健健"和"康康"。2019年6月双胞胎3岁时还举办了一场生日宴,大熊猫馆还邀请了一帮3岁的小朋友到场祝福,其乐融融。

"开开心心""健健康康",这难道不是亲友之间最好的祝福和最好的礼物么?

家书

2014年习近平总书记在澳门的两天里,有两个行程让我印象十分深刻。一个是去路环石排湾公屋探望街坊,另一个就是到澳门大学与学生们的会谈。习近平总书记喜欢给普通街坊回信,是当时留在我心中的一个深刻记忆。

这已不是习近平总书记第一次探访石排湾。他任国家副主席时就已经到这里的普通市民家中喝起了铁观音,说起了家常,还到了颐骏中心与老人们亲切交谈,在场的长者还向他赠送折纸牛,寓意牛年吉祥如意。

之后,颐骏中心全体成员给习近平总书记写了封信,提及他为人没有架子、不讲排场,给老人们留下了深刻的印象。信寄出后,老人们就收到习近平总书记的回信,信中提及澳门行也给他留下了深刻印象,与街坊相聚的情景记忆犹新,老人们乐观充实、互助互爱,也让他赞赏不已,更提到对澳门的美好将来充满信心。

回归20周年之际的重阳节,颐骏中心长者们又给习近平总书记写了封信,不久就收到了回信问候。这一封信隔了10年,有长者说,这些年澳门发生了沧桑巨变,祖国好,澳门会更好;祖国强,澳门会更强。

青年

2018年收到习近平总书记回信的澳门科技大学和澳门大学,也是大家关注的一个焦点,因为切实关注青年发展是历任国家领导人访问澳门时的主要内容之一。2014年习近平在澳门大学新建的横琴校区考察,与20名学生互动交流,当时的学生们把他视为偶像,亲切称呼他为"习大大"。

提及对习近平总书记的印象,有学生说他态度亲切,说话很接地气,回答问题很真实,很容易理解他说的事情,谈及自己青少年时期也非常喜欢阅读中华文化典籍,坚持一点一滴学。直到现在,一有空就会拿起一本翻一翻,每次都觉得开卷有益,小学时读《三国演义》、下乡时看《资治通鉴》等。

谈到澳门大学校训"仁、义、礼、知、信",习近平总书记说:"小到一个人,大到一个国家,都需要诚信。"习近平总书记还寄语青年,珍惜青春年少的大好时光,在人生的黄金时期,不仅要有求学求知的热情,而且要有心系国家、心系澳门的担当,做到知行合一、学以致用,为将来走上社会、投身澳门和国家建设做好思想品德、学识修养、能力才干等多方面的储备。

分享书目,谆谆教诲,仿佛与家中长辈的交谈。在2018年习近平总书记给澳门科技大学与澳门大学的回信中提及,希望澳门高校能百尺竿头更进一步,培养出更多爱国爱澳人才。

之前有媒体梳理过,青少年学生是习近平总书记最爱回信的群体之一,他当选国家领导人之后的公开回信主要面向青年学生,每次回信十分简洁,但主题"中国梦"是他在信中经常提及最多的。他多次出席青年活动,与青年谈心,一次次深情寄语,从"不辱时代使命,不负人民期望"到"让增长本领成为青春搏击的能量",再到"在新时代干出一番事业"……

习近平总书记曾说过:"青年朋友们,人的一生只有一次青春。现在,青春是用来奋斗的;将来,青春是用来回忆的。"

追忆诗人马万祺

2014年，马万祺老先生逝世的时候，我印象中最深刻的一个新闻标题是"港澳再无大佬——红顶商人马万祺逝世"。是的，在我印象中，马万祺和霍英东是一档，其他大佬是一档。香港有霍英东，澳门有马万祺。2006年霍英东逝世，2014年马万祺逝世，"港澳再无大佬"，如此说确实不为过。

马老先生的出殡，是在澳门综艺馆举办的，那一天可谓全城哀恸。公祭现场，哀乐低回。大厅前方中央是鲜花簇拥下的马万祺先生的彩色遗像。遗像上方悬挂着白底黑字横幅，上书"沉痛悼念马万祺先生"九个大字，两侧花柱上写"祖国山河壮，丹心日月长"。遗像两旁，放置着习近平、李克强、张德江、俞正声等国家领导人和中共中央、全国人大常委会、国务院、全国政协等中央机构送的花圈。

马万祺，1919年生于广州，据说其名字出自《诗经·大雅·行苇》的"寿考维祺"和《荀子》中"俨然壮然祺然"句。少年的时候因父亲不幸早逝，15岁便继承父业步入商界；1938年时广州沦陷，他避居香港，成立泰生行永裕昌并出任经理，至1941年香港沦陷后，他再移居澳门，先后与友人组织恒丰裕行、和生行、大丰银号、恒记公司等并出任总监督、总经理等要职。后来，又组织大华行并任总经理、董事长，同时长期担任澳门中华总商会会长，多年来在澳门出任多项公职，有"澳门大亨"之称。

1931年，时任上海中共中央特委成员柯麟医生在香港开设"南华药房"，及至1935年初，他听从当时中共"白区"地下工作的最高领导人建议，搬到澳门居住，转在澳门开展地下工作，并成功地打进澳门镜湖医院，自驻院医生开始一步一步升为镜湖医院院长。而在柯麟的联络和安排下，当时在港居住的北伐名将叶挺将军，也转到澳门居住，而当时马万祺便是以叶挺将军助手的身份，被安排在将军身边照顾将军一家大小的生活起居和对外联络工作。

　　后来抗战爆发，叶挺将军离澳北上出任中共新组建的新四军军长，而马万祺就留在澳门，接受柯麟的领导。

　　马万祺很敬仰叶剑英。"四人帮"猖獗时，叶剑英住在广州，马万祺的第二个儿子马有恒当年在广州上中学和大学，马有恒常去叶伯伯住处。1973年，马有恒已经29岁了，澳门不少亲友都关心他的婚事，叶剑英和马万祺的老朋友柯麟更为关心，叫他的孩子柯小麟向荣毅仁最小的千金荣智婉征求意见，有意撮合马有恒与荣智婉的婚事。

　　荣毅仁听说马万祺的二公子人品很好，又有事业心，也颇为满意。但那时中华人民共和国刚成立不久，对于海外通婚很有顾虑，而女儿嫁出境的问题也值得考虑。柯小麟对他说："荣叔叔，你在海外亲属本来已不少了，还担心什么呢？至于智婉出境的事，我想廖公（即廖承志）、叶帅，甚至周总理也会帮忙的。"

　　荣毅仁深思良久，表示同意让智婉与有恒先见见面，看他们二人的意见如何。在柯小麟的安排下，智婉和有恒见了面，虽然说话不久，心里已互相倾慕。柯小麟为智婉和有恒撮合后，分别向叶剑英和廖承志反映，他们都表示十分赞同。

马万祺及其夫人于1973年7月到达北京后,首先去拜访叶剑英,叶剑英亲切而风趣地对马万祺说:"马先生该在北京摆喜酒了。我看二马和荣毅仁的千金是天生的一对呢。"马万祺说:"我先感谢叶帅您对这件事的关心,我希望请您做主婚人呢。"双方家长经过一番交谈,他们都深望联手玉成这段姻缘。

得到周总理和叶剑英的赞同,荣毅仁和马万祺决定先订婚,在北京举行简单而隆重的订婚仪式,并邀请国内有关的亲友参加,然后回澳门举行结婚仪式。订婚仪式于1973年8月8日在北京市北京饭店举行,气氛欢乐热烈,有来自北京、上海和澳门的近200名亲友参加。

之后,在改革开放初期,马万祺曾多次向中央领导人提议"应该发动侨胞投资祖国",更与何贤及香港的霍英东,率先向珠江三角州大举投资,包括兴建国内第一间合资星级宾馆中山温泉宾馆。有媒体就报道,习近平总书记在会见港澳各界庆祝国家改革开放40周年代表团成员时忆述,当年中山温泉宾馆开幕,由于父亲未能出席,就让他们兄弟姊妹几人做代表前往,他形容自己当时看到一栋栋别墅式酒店,大开眼界。

比起改革开放后的铺桥搭路建宾馆,其实马老先生最杰出的贡献,还是在西方列强围堵中国时期,他通过关系开设了一家葡法洋行,申请了进口许可证,专事将抗战物资中转运往内地;同时,与友人合作开设大丰银行,使澳门与内地的金融往来得以继续。他积极协助澳门国营机构转运战略物资支持解放海南与广西,并且推动澳门工商界人士回祖国参加各类工业建设。在此期间,他与周恩来、朱德、董必武、叶剑英、何香凝、廖承志等中国共产党和民主党派领导人都有交往。

除此之外,马万祺一生热心澳门和内地的慈善公益事业,不遗余力地支持国家的教育、医疗、文化和赈灾扶贫事业。抗战期间,他将5万大洋的结婚礼金,捐献给广东省妇女会战时儿童教养院。他倾力资助澳门最大的民间慈善医疗机构——镜湖医院,以及澳门东亚大学、濠江中学等学校,支持筹集办校经费,关心学生素质培养,并捐资设立了"马万祺科技创新与医疗扶助基金""大华教育基金会""马万祺奖励基金",奖励内地医院救治技术创新、资助高校奖学金等助学项目。

他还捐资为家乡修建学校和医院大楼,为家乡的教育和医疗事业奉献爱心。他积极参与筹建中华文学基金会,为推动对外文化交流、传播和弘扬中华优秀传统文化尽心竭力。他十分关心内地的赈灾扶贫工作,2003年抗击"非典"斗争中,他积极带头并号召驻澳门特区的全国人大代表和各级政协委员捐款捐物,购买医疗设备,分送到北京、河北等地,还亲自写信题诗,鼓励慰问广大医务工作者。2008年汶川特大地震发生后,卧病在床的他不仅自己带头捐款,还连同澳门特别行政区全国政协常委发出倡议,推动澳门各界关心灾情,帮助灾区重建家园。

但作为一个文艺青年,最让我难以忘怀的不是马老先生的财富或者地位,而是他的《马万祺诗词选》。马万祺先生是著名的诗人。他一生热爱文学艺术,尤其在研修中国诗词方面很有造诣。半个世纪以来,他在澳门生活、经商、奋斗,用诗词抒发他的人生感悟和爱国心、赤子情。1994年,邓小平同志题写书名的《马万祺诗词选》正式出版,诗词意境深邃、豪迈刚健,均记录了澳门多年的风风雨雨,以及社会的飞跃发展。

如果要选择一首他的作品作为代表,相信应是他金婚纪念日的这首金婚词——

> 纪念金婚情意重,
> 喜逢经济腾飞,
> 满怀欣慰庆佳期。
> 儿孙承膝下,
> 举案共齐眉。
> 政策开明称盛世,
> 江山如画如诗,
> 和平统一正时宜。
> 弟兄同御侮,
> 祖国竞生辉。

马万祺是澳门人敬重的一代风云人物。在西方列强围堵中国时期,他通过关系开设了一家葡法洋行,申请了进口许可证,专门将抗战物资中转运往内地;同时,他与友人合作开设大丰银行,使澳门与内地的金融往来得以继续。他积极协助驻澳门国营机构转运战略物资支持解放海南与广西,并且推动澳门工商界人士回祖国参加各类工业建设。

♦ 2015

"海贼王"——港澳有个张保仔

世界上有很多海盗题材,其中加勒比海盗更是成为系列电影。而日本最出名的,可能就是动漫中的"海贼王"路飞。"海盗"这个名词,听上去很遥远,与我们中国人似乎关系不大,但在我看来,港澳之间一早就已经流传着一个传奇海盗的足迹,可算是在香港、澳门最早出现的"海贼王"。

2015年香港TVB推出一套新剧,又是说"穿越"的。而其中一个主要角色就是"张保仔"。很多观众当时评论,TVB艺人洪永城的角色打扮以及气质,跟大家心目中的张保仔差距太远。当时我朋友就说:"张保仔喔,应该系成个超级英雄咁的啦,点会咁唔中唔西。"(那可是张保仔啊,应该是个超级英雄的样子,怎么会像这样不中不西的。)

由于"张保仔"的传说流传甚多,印象又突出,其实在过往影视作品中,扮演过他的明星不少。其中最为人熟悉的明星就包括靓仔狄龙(1973年的电影《大海盗》),以及黄子华(2015年的电影《神秘宝藏》)。在我看来,当然是靓仔狄龙的形象要符合得多啦。

实际上,民间传说中的张保仔,确实有点"海贼王"的感觉。

郑一、张保仔、郑一嫂的三角家庭

张保仔是广东新会的渔民,15岁跟随父亲出海捕鱼,结果被郑一掳走,后来还收养了他。自此之后,他就由渔民变成海盗。当中还有很多八卦故事,一直有一种讲法,说郑一是"双性恋",他看中张保仔,其实是贪图他靓仔。后来连郑一的夫人郑一嫂(石氏)都喜欢张保仔,三人发展成三角家庭,亦令张保仔在海盗内的地位大大提升。有次郑一遇上台风溺死,亦有说是被杀死,其妻石氏被属下拥立,续领红旗帮为首领。当时女性地位低,为巩固自己的势力,郑一嫂任命张保仔为其助手。后来张保仔和郑一嫂结为夫妇,从此红旗帮所有领导权遂交由张保仔继承。

红旗海盗团全盛时期,张保仔领四万多海盗及六百艘战船,并以沿海岛屿为基地,堪称当时南中国海最大的武装势力之一。他经常横行广东沿岸,主要劫掠沿海的运盐官船或外国货船。其他商船要经过他控制的地区,也要先交纳"行水"(保护费)。相传张保仔骁勇多计谋、讲义气,虽然横行南中国海域,但因张保仔本人出身贫苦,所以特别爱护平民,他们在向乡民购买粮食时,往往加倍给钱,并保证不滋扰贫民和渔户,严禁部下在驻扎地区掠夺,因而得穷人支持,百姓视他为劫富济贫的侠盗,名副其实的"海贼王"。

"全职"海盗转为"全职"官兵

张保仔人生最大的转折点,大概是在19世纪,当时清政府和澳门葡萄牙驻军联合起来,与海盗联盟中以张保仔为首的红旗帮在现今香港大屿山激战，但当时即使大清"勾结外国势力"，仍然败于海盗联盟。大屿山海战中清政府虽然没有战胜，却间接导致海盗联盟内部瓦解。大屿山海战期间，张保仔曾向海盗联盟另一成员黑旗帮求援，不过其首领郭婆带拒绝前往。心生不满的张保仔于是在虎门与郭婆带大战，郭婆带虽然力挫张保仔，不过深知得罪海盗联盟中最大势力的红旗帮，自身的日子肯定不会好过，便决定与政府谈判投降一事。

在谈判中，郭婆带指定必须由澳门法官担任中间人，否则不愿意商谈投降。在澳门法官的帮助下，郭婆带于1810年1月正式投降，更由"全职"海盗转为"全职"官兵，全力协助政府剿盗。张保仔得知郭婆带投降后，竟然也想投降，而且一样要求澳门判事官阿里亚加担任中间人，最终在多轮谈判后投降，并与郭婆带再次当"同事"。随着海盗联盟中的两大力量——红旗帮与黑旗帮投降，华南海盗的全盛期也宣告结束。

去沙梨头寻张保仔足迹

香港开埠前，澳门是华南地区相当重要的港口，自然难逃海盗的魔爪。不过从海盗要求澳门法官担任中间人来看，海盗与葡萄牙当局的关系绝非极为恶劣，双方至少有一定沟通途径。其实海盗一部分的武器就是向澳门购买的，甚至张保仔在投降后，其妻儿也是居住在澳门，可见澳门与海盗的关系绝不是非黑即白。而且葡萄牙当局帮助大清打击海盗，也不全然是出于"正义"，私心是希望扩大澳门的统治权，更不用说大清是有"付费"，受人钱财替人消灾是再自然不过的事情了。

张保仔投降后，因为他和澳葡官员以及一些澳门朋友有往来，也就在澳门的沙梨头寓居。虽然不久之后就去了福建就任，但其部分后人也就一直住在澳门。之后，他也曾以清政府官员身份访问澳门，看望在投诚谈判中给予帮助的澳葡官员和亲友。后来张保仔去世后，郑一嫂也回到澳门的沙梨头居住，靠经营赌馆过完余生。

由于战乱，这个"张保仔故居"已经不复存在。这个故事，我也是从活跃在沙梨头地区的一些朋友口中得知，因为沙梨头曾举办一些展览，当中有一些文献就记录了张保仔和当地的故事。沙梨头作为澳门古时的闹市，可谓曾经热闹非凡，至今可从一些老建筑上看到当年的繁华。其中"沙梨头图书馆"是最具代表性的，由建于20世纪30年代的7幢旧建筑群组成。

另外，相传路环和横琴地区也是张保仔经常出现的地方，所以岛上也藏有他的财宝，而这个张保仔洞据说是在九澳蝙蝠洞内。时至今天，仍有不少冒险者翻山涉水前往洞内，寻觅张保仔耐人寻味的故事。

2016

你有中山市，我有孙逸仙大马路

2016年11月8日，澳门各界代表都集中在澳门文化中心，几乎各阶层的人士都出席了，是近年来少见的盛事。当然，我也在现场见证了这一盛事——缅怀伟人。这一日，是孙中山先生诞辰150周年。

如果要问有什么人对澳门影响很大，孙中山必然是其中之一。如果要说有什么地方对孙中山先生影响很大，澳门估计也仅仅是排在中山市之后。孙中山先生12岁时随母亲离开翠亨村，经澳门前往檀香山。孙中山先生到的第一个城市是澳门；第一次接触到西方文化也是在澳门。首次出国使他大开眼界，也给他幼小的心灵留下了深刻的印象，正如孙中山先生所描述的："始见轮舟之奇、沧海之阔，自是有慕西学之心，穷天地之想。"

中山与澳门，山水相连。19世纪中叶以后，澳门中西文化交融，也深刻地影响了中山。孙中山便是与澳门有着密切关系的人物之一，在这里，他萌发了"慕西学之心"，并走向世界，从"医人"到"医国"，后来的澳门更成为孙中山进行革命活动的重要舞台。

孙中山先生的革命事迹大家可能听得比较多，但却很少留意他曾经的"仁心仁术"。当年，孙中山于1892年7月以第一名的优异成绩毕业于香港西医书院，并获时任香港总督威廉·罗便臣亲自颁奖。由于香港西医书院的毕业证书不为香港当局所承认，因此孙中山毕业后无法获得行医执照，毕业即等于失业。于是，在恩师的带领下，孙中山分别前往广州、澳门两地行医。

大国手孙逸仙先生

后来，孙中山先生先后在澳门议事亭前地十六号开设"孙医馆"，以及在澳门草堆街80号开设"中西药局"。当时他已经被澳门镜湖医院聘为西医科主任，成为这所中医院第一位受聘的西医。由于他看病诊费一律随意而付，加上擅长外科手术和治疗肺病，行医不满三个月就声名鹊起。他精湛的医术得到了当地百姓的认可，这为其革命活动初期奠定了社会基础。为解决镜湖医院没有西药的问题，他开创性地想出"自愿赠医""药局赠药"的办法。

根据记载，有一个中文广告"春满镜湖"刊登在当时的报刊上，说：

大国手孙逸仙先生，我华人而业西医者也。性情和厚，学识精明。向从英美名师游，洞窥秘奥。现在镜湖医院赠医数月，甚着功效。但每日除赠医外，尚有诊症余闲在。先生原不欲酌定医金，过为计较。然而称情致送，义所应然。今我同人，为之厘订规条，着明刻候，每日由十点钟起至十二点钟止，在镜湖医院赠医，不受分文，以惠贫乏。复由一点钟至三点钟止，在写字楼候诊。三点钟以后，出门就诊。其所订医金，俱系减赠。他如未订各款，要必审视其人其症，不事奢求，务祈相与有成，俾尽利物济人之初志而已……

另一篇报刊则报道了孙中山先生如何抢救凶杀案中的重伤者。这篇新闻，题为"凶案憯骇"（凶案死人，在当年是特大新闻），说的是澳门公信和"闱姓"（当年一种博彩方式）厂东李献廷（华侨百万富翁陈芳之妻弟），行走在大街上，被凶徒"用刀连刺身受二伤"，"无如伤重势危，延至次晨而逝"。该新闻报道谈到当时的紧急救治情景："适逢逸仙西医乡旋，其友江医偶尔来游，李家延治，如法救之"。

最大的粉丝——卢九

由此可见，孙中山的医术医德，是如何得到大众的称赞。而当中，他当时最大的粉丝之一，就是澳门显赫人物卢九。我在前文有介绍，卢九也曾经是澳门的"赌王"，他曾两次担任镜湖医院的总理，并领头创建同善堂。

孙中山在镜湖医院开诊之初，虽然医术高明，但澳门华人对西医不了解，持怀疑态度。为此，卢九等华商乃为其四处宣传，大力推广。卢九率领广东籍华商在《镜海丛报》以"春满镜湖"为题刊登启事，热情推介孙逸仙的人品和医术。孙中山的西医推广有赖于卢九等华商的远见卓识和鼎力支持，多年后，孙中山还对此等知遇之恩念念不忘。

1905年9月，孙中山派冯自由、李自重到澳门发展组织，12月成立同盟会澳门分会，成为辛亥革命活动前后孙中山革命事业的中坚力量。卢九的十七子中，长子卢廉若、次子卢煊仲、三子卢怡若、四子卢兴原与孙中山交往密切，他们以不同的方式支持和参加孙中山领导的革命事业。

之后，长子卢廉若两次接待中山先生访澳，下榻卢园春草堂，也就是今天的"卢廉若公园"。这个重修落成的卢廉若公园，原称"娱园"，在几十年前是本澳三大名园之一，由大赌商、澳门商会和镜湖医院慈善会的值理会主席卢廉若斥资兴建,其规模之大为澳门私家花园之最。卢廉若公园位于澳门半岛的中部,东望洋山的北麓,在罗利老马路与荷兰园马路交界处,总面积1.78公顷。园内景色如诗如画,俨然一幽雅、秀丽、恬静的江南风光,颇具苏州狮子林的格局,给人一种"小中见大"的感觉,是港澳地区唯一具有苏州园林风韵的公园。

而三子卢怡若则追随孙中山先生,并参与过黄花岗起义。20世纪50年代,孙中山原配卢慕贞因病去世,众亲友对于将其葬于何处议而不决,卢怡若力排众议,找到澳门当局,最后葬在旧西洋坟场。卢慕贞去世后,留故居一座,与澳门当局发生纠纷,卢怡若积极加以保护,保住了文第士街孙家大屋,后该大屋被改建为今日的澳门国父纪念馆。

除了行医留下的踪迹,在澳门孙中山先生也有着不少良师益友。而孙中山先生在多个地方都曾经忆述和陈少白、尤少纨、杨鹤龄这三位友人的革命情谊。对此,孙中山的日本友人宫崎寅藏有孙中山先生这样的记述:"我转香港医学院之后,不出两年,便找到三个革命同志——尤列、陈少白和杨鹤龄。这三个人都赞成我的立场,因此有空就放言高谈革命,且不怕被人听到,我们共同起居,亲如兄弟,聚为结合,成为一体,人称'四大寇'。"

"四大寇"之名,由关景良(字心焉,以关心焉医生之名行医)的母亲所起,后在港澳亲朋戚友中流传。关心焉是"四大寇"的同学、街坊及好朋友,其母亲是孙中山的老师,香港第一位女护士。孙中山在香港西医书院就读时,"四大寇"经常在学校、在杨鹤龄家的上环老铺聚会。孙中山到澳门行医后,"四大寇"仍常聚会于澳门水坑尾杨鹤龄的老家,杨鹤龄特将其址称为"杨四寇堂",并题字标记,以志纪念。

而后世之中，武侠小说家温瑞安就受此启发，创作出"七大寇"的系列角色。

除了关心焉的母亲，孙中山还有两位老师。一是西医老师康德黎医生，二是郑观应。孙中山在赠送给郑观应的一对银杯上刻着："郑观应先生惠存，良师益友，孙文"。而澳门的"郑家大屋"，也是孙中山先生当时经常出入的地方。

郑观应比孙中山年长24岁，但这并不妨碍两人的交往并结下深厚的情谊。郑观应于1886—1892年，隐居澳门老家——郑家大屋，潜心研究中西医合璧，著述《中西卫生旨要》，并用心编著其巨著《盛世危言》。孙中山其时正在澳门行医，曾多次到郑家大屋探望郑观应。郑观应维新变革的思想，对青年孙中山的影响尤深。孙中山上书郑藻如和李鸿章，谈社会变革富国强兵，都得到郑观应支持和帮助。当孙中山寻求出国之门，郑观应即协助孙中山办理出国护照。因此，赞颂郑观应为"良师益友"，是孙中山由衷之言。

孙中山在澳门亲友众多，因而澳门对孙中山先生的记忆也非常多。澳门半岛虽不到8平方公里，却设立了3座孙中山全身铜像，而以其名命名的大马路则有两条，可见中山先生在澳门人的心目中是何其重要！

♦ 2017

格兰披治大赛车：澳门的速度与激情

每年11月，世界各地的顶尖车手都会云集澳门，在东望洋赛道上一较高下。这就是一年一度的澳门格兰披治大赛车。

2017年，这里发生一起被称为澳门史上最昂贵的赛车追尾事故。在第64届澳门格兰披治大奖赛第三天，国际汽联GT世界杯选拔赛上惊现了一起连环追尾事故，10多辆GT跑车像叠罗汉一样撞到了一起，场面十分震撼。虽然我没有在现场目睹这一场景，但是看到电视转播的画面，也一样被震撼到。这些可都是价值数百万的豪车啊，大概算一算，好几千万一下子就这样没了，想想都替他们觉得心疼！

在热血沸腾、充满刺激的大赛车现场，这样的事故虽然罕见，但也并非不能想象。这是国际上最负盛名的大赛车品牌，充满着变数与无限可能。

又弯又窄的夺命赛道

相比车辆的损失，赛车手因为高难度的车技挑战而失去性命的才真正让人惋惜。就在2017年的这起追尾事故发生当天，31岁的英国车手赫加迪参加了摩托车大赛决赛，在第6圈进入渔翁弯前，他的车忽然像脱缰的野马一般高速撞向了赛道边的护墙，车毁人亡。

同样是在一个弯道出的事故，2018年，来自德国的美女车手佛罗丝驾驶赛车在葡京弯突然失控，像炮弹一样冲出跑道，撞向俗称"堡垒"的摄影台。那个画面我至今还记忆犹新，万幸的是当时佛罗丝只是脊柱骨折，没有因此丧命。

作为比赛场地的东望洋赛道有着"东方摩纳哥赛道"之称，赛道全长6.12公里，依澳门地理环境天然而成，有上下斜坡、弯角、直路，赛道两侧又有栏杆、山崖和水泥墙等，路面落差大，赛道又紧又窄，最宽路面14米，最窄7米。如果出现失误很难及时调整回来，车手丧命的风险极高。在这条跑道上，几乎每年的赛车都会出现大大小小的事故，所以它被公认为世界上对赛车手要求最高的赛道之一。

尽管多年来赛会一直致力于改善跑道的安全设施，但是仍有许多车手在此送命……20世纪70~80年代，就有多位香港车手在此赛道上意外丧生，香港导演尔冬升还拍摄过电影《烈火战车》纪念那些在赛车中不幸身亡的车手。你可能不知道，尔冬升本人也是热爱赛车的业余车手，曾经是澳门赛车1990年和1991年两届房车新手组的冠军得主。

传奇车手的F1试金石

或许正是这种充满刺激的挑战才不断地吸引来自世界各地的赛车高手以命相搏，特别是那些世界知名的传奇车手，他们都曾经在这条赛道上演绎现实版的《速度与激情》。

1983年的格兰披治大赛车，巴西"车神"塞纳·马恩省在此毫无悬念地登上领奖台。1990年，车王迈克尔·舒马赫与"芬兰飞人"哈基宁在F3大奖赛上相遇，并上演了一番龙争虎斗，两人精彩的较量，在29年后的今天仍被津津乐道。还有我们现在依然经常在赛坛上看到的汉米尔顿、维泰尔、科瓦莱宁、巴顿、韦伯等，这些车坛名将在他们还是"菜鸟"的时候也都来过澳门比赛。

"没跑过澳门,就不会知道什么是赛车,没有在澳门赛过方程式,就很难真正体会赛车的真正魅力",这句话道出了无数车手们的心声。作为一条标准的F3赛道,东望洋赛道是新人车手们冲往F1世界大门的一个跳板。每一年的格兰披治大奖赛,世界各地的车手经纪人都会前来寻找未来的"塞纳·马恩省",媒体人也能从中嗅出谁很可能是F1大奖赛的未来夺冠者。

从无心插柳到国际知名

澳门格兰披治大赛车是世界上最古老的街道车赛,也是世界上唯一同时举办汽车比赛和摩托车比赛的街道赛事。说起这项赛事,最初缘起是无心插柳而成,甚至赛道也是草创。

事情是这样的。1954年,三位澳门汽车爱好者在闲聊的时候,构思了一项汽车寻宝游戏,就去找住在香港的欧洲赛车手杜托出主意,杜托一看,"你哋三条友(你们三人)画出来的路线居然可以形成一条漂亮的赛道",于是,他也被激发起这份热情,还跑去澳门积极游说组委会为本地车手筹办格兰披治赛车,最终促成此事。当年10月份,赛事正式在澳门举行。

在文华东方弯附近,大家可以看到一座看似控制塔的白色建筑,那就是昔日格兰披治大赛车最初的起点所在了。

据说,最初的两届比赛条件相当简陋,看台、指挥站、维修站都是用木材临时搭建的,当时的赛道上也全部是尘埃和沙石。不过,随着赛事的名气增加,政府也开始重视起来。由于担心设备落后会有损游客对澳门的印象,政府在起点上建造了一座能够容纳300多人以及拥有10个维修站的永久看台,并在第三届格兰披治大赛车（即1956年）时启用。这座大看台，也就是今天大家口中的"旧看台"了，已经成为澳门大赛车的地标建筑。

随着澳门大赛车的规划不断扩大，愈来愈多国外车手慕名前来挑战东望洋赛道，赛事也开始走向国际，而政府也不断改善和扩充赛车看台来配合比赛和观众的需要。20世纪80年代，首座永久性的赛事控制塔在赛车看台的起点落成。

20世纪90年代初，澳门特区政府在外港客运码头新填的土地前面，建造全新的格兰披治赛车大楼，并在1993年大赛车四十周年投入运作，而比赛的起点也迁到新大楼。至于旧赛车看台则在1994年被拆卸，只留下了昔日的赛事控制塔，寄托着人们对旧起点的回忆。

澳门回归以后，经济民生得到飞速发展，澳门格兰披治大赛车也愈来愈具观赏性。澳门特区政府投入了更多的资源支持

格兰披治大赛车：澳门的速度与激情

大赛车。每年比赛前,赛道都会进行重新铺设;为了让观众能更清晰全面地感受比赛过程的刺激,转播设备也是不断升级更新。在软件方面,赛事服务水平也在持续提升。最值得自豪的是,现时大赛车的工作人员全都是由澳门培训的本地人才,救援队伍和赛事管理等也已经完全达到国际水平。

擦亮这张城市名片

前几年,我的公司办公地点在南方大厦,楼下就是友谊大马路。每年大赛车期间,每天上班回响在耳边的就是一阵又一阵的赛车轰鸣声。有时候坐久了起来走动,也能往窗外瞄一眼正在进行的比赛。在赛车呼啸而过的那一瞬间,我也看不清楚赛车长什么样,但就是想凑个热闹。

像我这种对赛车不是特别感兴趣的人,都希望看看热闹,更何况那些对赛车痴迷的发烧友呢?每年的格兰披治大赛车都会吸引世界各地的游客前来澳门观光旅游,澳门特区政府曾经做过调查,赛车期间,有四成以上的受访游客表示到澳门旅游是为了看大赛车,而他们留澳时间的中位数为三天,消费也随之增加,这意味着大赛车对澳门的旅游收益具有明显的促进作用。

到澳门看赛车,还分分钟可能与影视明星邂逅。大家都知道成龙爱车,早在20世纪90年代初期,他就建立了成龙杯慈善赛车,车手还全都是美女明星居多,像张敏、邱淑贞等美艳动人的大美女都曾经在赛车场上一展风姿。除此之外,赛车女郎也是比赛现场不可或缺的一道风景,在车房的位置经常聚集一批又一批的赛车女郎,为所属的车队宣传和打气,这个时候摄影发烧友的长枪短炮也都一哄而上。

对于澳门而言,赛车已经成为城市文化不可或缺的一部分。当年的澳葡政府意识到澳门格兰披治大赛车作为一种大型的赛事活动,可带动澳门的旅游业及相关产业的发展,更可为澳门的文化增加色彩,所以决定把大赛车从私办转到公办,在1975年取得澳门格兰披治大赛车的主办权。澳门回归后,特区政府亦把澳门格兰披治大赛车当做一张城市名片来打造,在这么多年的办赛历程中,澳门的城市形象也随着东望洋赛道被传至世界各个角落。

澳门特别行政区政府旅游局前任局长、大赛车委员会专职协调员安栋梁就曾坦言,赛车是澳门的最佳推广。澳门举办国际级大赛车,有助打造"盛事之都"的国际形象,亦显示出澳门旅游的多元化发展。

未来,澳门要打造世界旅游休闲中心,还需继续把格兰披治大赛车这张城市名片擦亮。

好好味的澳门，你试过未

大家对于澳门这个城市，第一印象相信应是博彩，但要是我问你，除了博彩，你对澳门最深刻的印象是什么？那当然是各种各样的中西美食，还有每次走的时候都把你旅行箱塞得鼓鼓囊囊的各式"手信"啦！联合国教科文组织在2017年10月31日发布公报，澳门成为创意城市"美食之都"新成员，是继成都、顺德之后第三个获此殊荣的中国城市。我认为，这绝对是实至名归，不接受反驳！

看看我们澳门的左邻右里：有"食在广州"之称的羊城，有已经入选"美食之都"五年的"老大哥"顺德，更少不了在美食届鼎鼎有名、有超过60家"米芝莲餐厅"的香港！强者云集之际，只有弹丸之地的澳门，却能登堂入室，成为"美食之都"，大家可别不服气，作为"澳门本地资深吃货"的我就来给大家说说，为什么澳门能顺利上榜。

美食+特色+创意，让澳门跻身榜单

在2017年澳门加入创意城市"美食之都"之前，全球共有18个"美食之都"，其中中国有成都和顺德入选，这两个城市分别代表了川菜和粤菜的发源和传承，称得上是"根正苗红"。而澳门的入选，则有那么一点点不一样：美食固然重要，更少不了的是特色。

澳门饮食文化源远流长，体现了中葡文化的融合及和谐发展。来到澳门，你能吃到经典的葡萄牙菜，像马介休、葡国鸡、青菜汤、非洲鸡、葡式炒蚬、葡国腊肠、烧牛尾、沙甸鱼……如果你去过一些葡语系国家，你会发现，澳门的葡萄牙菜有点不一样，吃起来更符合中国人的口味，因为澳门式葡萄牙菜是经过改良的葡萄牙菜，将葡萄牙的烹饪方法和原料逐渐融入世界各国风味（近有东南亚，远到非洲、拉丁美洲，各式各样融为一炉），辅以中国广东菜肴烹调技术中的精华，这就是澳门的葡萄牙菜受欢迎的主要原因。

另一方面，澳门本地还有各种著名小吃如葡式蛋挞、木糠布甸、猪扒包、大菜糕、椰汁糕、芝麻饼、杏仁饼、肉脯肉干、花生糖、老婆饼、蛋卷……（实在太多了，说到一半都要停下来喘口气）同样是"世界+中国"的组合，来澳门吃东西，仿佛环游世界，怎能不让人心驰神往？

澳门的老店保留了传统文化要素，这是联合国教科文组织考察申办城市时十分看重的地方。在20世纪40年代到60年代，澳门街头的"小贩文化"已经深入人心，分固定摊贩、流动小贩和担挑小贩，及至20世纪70年代末至80年代，市政厅正式发出的小贩牌逾千个。这都是因为当时有大批移民迁至澳门，人生路不熟,又要谋生,于是走到街头靠摆卖维持生计。小贩众多因而有了竞争,同时推车的租金成本不高,故小贩都可以将心思资源投放于食材及研究秘方,或烹调方法,每个摊档的独特滋味正是由此而生,现时很多澳门的美食老店,当年都是由一辆手推车起家。"创意"造就美食,也成就了如今的美食之都——澳门。

一个星级美食评分员的日常

每次有朋友来澳门,必会问我去哪里有好吃的?其实问我算是问对人了,因为我是媒体人,每次有新餐厅开张,都会请我们过去试食,由高级的米芝莲(国内叫"米其林")餐厅,到寻幽探秘地道的小食,都逃不过我挑剔的舌尖,我还为许多国际级的食评做过神秘顾客,为各种排行榜评分。

许多人好奇神秘顾客和美食评分员是怎样为餐厅打分的。首先,我们会收到一封信,里面有餐厅的简介、几个主厨或大众推介的必食菜色,再有一款定额的现金券,评分员可以携一位亲友前去试菜。为什么是两个人去吃饭而不是三个人、四个人呢?理由是,一个人试不了这么多菜,而且一个人去吃饭,一看就被发现是美食评分员。而人多呢,又怕顾着社交应酬无法专心试食,所以还是两个人刚刚好。我们会从打电话订位开始评分,对于星级餐厅来说,接电话时如何应对客人都有讲究,米芝莲餐厅要提醒客人注意衣着,这是最基本的要求。到餐厅之后,怎样安排落座,怎样上菜,环境气氛,服务员的服务质量,用语环境,大至每一道上菜的餐具,小至倒香槟的手势,都是评分的准则。到了美食部分,自然是用料、火候、层次是否做到色香味俱全。就连食物摆盘也有独特的讲究，从中一项一项去打分。

　　神秘顾客的好处，是让餐厅无法事先准备，没法知道谁是打分员便无法为了得到高分而对其特别优待。我最记得每一次当我出示美食券或者信件的时候，都会看到服务生小姐姐吃惊的神情，这个时候，我都有乾隆下江南时"露出真身"的感觉。

　　最新出版的《米芝莲指南香港澳门2019》中，澳门星级餐厅的数量增至18家，最高水平的三星米芝莲餐厅就有2家。如果以人口密度和土地面积平均计算，澳门可算是高居榜首了。澳门人很幸福，因为我们几乎不费多少时间和路程就能尝尽世界各地美食，特别是高级的餐厅（Fine Dinning）。在澳门的度假村里，有娱乐场这个收入来源，餐厅则是作为配套设施，不需要以高消费作为盈利，性价比比其他地方要高不少呢！

　　澳门的美食和服务，代表着世界级的高水平，如果某餐厅能入一个澳门星级美食评分员的法眼，那便代表它的出品去到世界的哪一个角落都不会输。

成为"美食之都"后，澳门餐饮界除了创新更要传承

　　不得不说，澳门虽然获得"美食之都"的称号，但近年不少饮食老店都相继结业，也有市民感叹部分老店成为"网红店"后，虽吸引大批来澳旅客，但出品质量却不如从前。另一方面，老店对于菜谱的新尝试总是过于保守，而如今的美食界，吸睛的重要性不言而喻，人人都"相机先吃，打卡为重"，味道本身重要性下降，也是制约老店发展的重要因素。

加之租金与员工工资逐年涨高，当进入现代知识型社会后，无人继承老店手艺，过去一年里，我已经告别了好几家从我孩提时代相伴至今的饮食老店，当每次习惯性无意识地走到这些店外，看见已经紧闭的大门，心里难免空落落一阵。

澳门美食最可贵的是有"性格"

如果你问我，澳门美食最特别、最可贵的是什么？绝不单单是选择多、品质好，而是这个城市的美食因为这里的店主而变得非常有"性格"。可能在别人眼中，澳门人是一群有钱都不赚的傻人，比如很多老店，明明旺爆，就像我最喜欢的联记面家，中午想在那里吃一碗面少说要等上半小时，这种店在广州可能已经输出配方成为全市连锁了，但联记偏不，我吃了30年，从前是怎样，现在还是怎样，你爱吃就等，它也不扩张店面，也不加人手，就是这么有性格。

还有些店三天两头休息，爱开不开，偶尔经过一次，发现它难得开店，我起码要比平时吃多一倍，感觉今天赚到了。还有好多店，因为某个师傅不做了或退休了，那么那位师傅负责做的特色食物就干脆不供应了，即使那是店里很受欢迎的食物也不例外。这就是澳门人对事情的一心一意和执着，又或者从这一点可以看出，澳门人并不是那么金钱至上。做好一碗面，比赚很多很多钱要更快乐。澳门这个城市经常被赞扬有人情味，我觉得，人们怎样对待美食，是一个城市的品味，而怎样经营美食，是一个城市的底气。

澳门，美食之都，从来不是浪得虚名。

澳门"至暗时刻",也是澳门人高光时刻

2017年8月23日,这一日必定被澳门载入史册,也是澳门回归20年来,最百感交集的一刻。

用 *A Tale of Two Cities*(查尔斯·狄更斯所著《双城记》)的开场白来说明,最为合适——"这是最好的时代,也是最坏的时代"。

五十年一遇的风灾

这一日，台风"天鸽"肆虐澳门。

"天鸽"在2017年8月中下旬形成，风暴未形成便引起香港气象爱好者的热烈讨论以至传媒炒作。天鸽其后在南海东北部爆发增强为一股成熟的台风，并以巅峰强度在珠江三角洲大肆破坏，导致澳门气象局悬挂18年来首次十号热带气旋警告信号。天鸽不但带来极具破坏性的风力，导致澳门境内测得破纪录的持续风速，而且其风暴潮叠加天文大潮更引致珠江口地区多处严重洪涝，珠海和澳门的灾情尤其严峻，是该两地超过半个世纪最惨重的风灾。

其实，在这一次之前，澳门人对台风都非常"友善"。尤其我自己还在10多岁时，可以说是期盼着台风的。因为台风一来，加上暴雨，一定停学放假。虽然下大雨哪里都去不了，但至少可以在家看看电视看看书，优哉游哉。

澳门人经常自豪地说，澳门是"莲花福地"，很多台风都是"雷声大雨点少"，民生福利也很不错，各种文化艺术活动充实。却没有意识到，原来在繁华盛世之下，澳门也有那么脆弱的一面。

17级台风，横扫亚洲多个地区，这就是"天鸽"。它所造成的伤害，根本无法具体判断，只是看广东广西，为了防灾就撤离了40万人。17级的台风啊，我住在40多层楼上，当台风最接近澳门的时候，整栋楼都在晃动，肉眼能看到大楼在左右摆动，可谓真的恐怖。那种恐怖让人不敢经历第二次，当台风一停止，我就和老妈连忙从40多层的楼上一口气跑到楼下，脚踏实地的那种美好感觉，我到现在也忘不了。

灾后统计，澳门经济损失惨重。经济损失还是有机会能弥补的。无法弥补的是10条人命因此而消失。这个死亡数字，对于澳门人来说，是非常震撼的。因为澳门地少人少，人与人之间的关系本来就很密切，这些死者，往往就是我们身边的亲友、街坊，这种身边人一日之间阴阳相隔的景况，让人非常痛心。

其中有一对溺毙的兄妹，就是我们暨大校友的子女。就算是事隔两年后重新提起，我仍然无法想象校友的心情，倍感压抑。后来更听说，当时洪水涌入街道，周围有街坊眼睁睁看着事情发生而无能为力，天啊，这对于亲历其中的人来说是一种怎样的折磨。

对于生于和平年代的我们来说，这一场台风就是人生中经历的最大灾难。我第一次真正感觉到人在大自然面前的渺小。尤其是面对灾后，城区的满目疮痍。树木倒满了一地，一些矮墙和土坡已经塌方，靠近岸边停泊的小车被吹到反了过来甚至立了起来，很多很多的店铺门窗尽碎。

我脑海里第一时间想起的，是儿时从电视上看到的水灾、地震和眼前的一切画上了等号。只有这一刻，才会知道，平日和同事、亲友、街坊见面时，那句不经意的"你好"是多么珍贵。面对种种苦况，根本就连一句问候都是咽哽在喉说不出来，只能忍着热泪，握握手、拍拍肩、拥抱一下，然后转身，投入到志愿者大军中去。

是的，这是澳门最困难的时候，却也是澳门人最值得骄傲的时候，众多的社团、市民，有组织地或者自发地，立即开展志愿者工作，协助城市清洁、派发用水、帮助独居老人。他们是除了公职人员、纪律部队和解放军之外，投入到灾后援助的重要力量。

过去十多年经济蓬勃，特殊产业丰收让大家都有一个错觉：澳门已经是"国际化城市"，是一个大都会。却忘记了，这仅仅是一个60多万人、30多平方公里的小岛。水灾、风灾、地震，其实近年内地并没有少经历，这次真正发生在澳门，我们才体会深刻。这个时候网络上居然还有一些热衷于传播各种危言耸听的谣言的人，只能说他们缺乏了对大自然的敬畏之心。

　　不过，天无情，人有爱。澳门街坊连日发挥互助互爱精神，风灾之苦的另一面彰显了澳门人的齐心精神，处处是好人好事，有的士义载，有酒吧派水。更有年轻人，得知一些住在高楼的孤寡老人缺水缺电，自发组织义工队，一栋栋几十层高的楼走楼梯派发水和饭给这些老人。而一些小餐馆得知这个消息之后，也自发地煮饭做菜免费送出饭盒给义工队，让他们去派发。

　　但是，物资还是很紧缺。由于停水停电，很快义工团队的朋友们就反馈，饮用水非常紧张了，已经有人差不多一天没水喝了。性急的我，一听到这个消息，更是心急如焚，马上联系澳门的可口可乐分公司，希望可以跟他们批发团购饮用水。然而，得到的反馈是，连这个澳门最大型的饮料公司也开始缺货了。

　　这一刻，我感觉到问题非常严重，看来单靠澳门自己是无法保障供给的。于是我就在我们暨南大学校友群里面求助，看看哪位校友有渠道能够帮助到我们。

　　以前看赈灾的活动，都经常听到一句话："一方有难，八方支援"。这一次，我切切实实感受到了。很快，我们就得到校友的帮助，联系上怡宝矿泉水公司，而商家那边一听说这个

2017年8月23日是我在澳门生活将近三十年最黑暗的一天,全城为台风"天鸽"的大水所淹,政府太过轻视灾情没有提早预警,10条人命,因此而消失。(摄影:陈显耀)

情况，二话不说，就捐献出几万瓶矿泉水，并且安排专门的运输车，直接从广州运送来澳门。

中间还有个小插曲，因为内地牌照的运输车没有经过许可不能进入澳门，我只好尝试发起征集，希望有两地车牌的私家车朋友届时帮忙到珠海接送这批矿泉水。结果一个征集发出去，短时间内就有200多名车主报名，在微信群看着大家陆陆续续加入前来"报到"的消息，都说着"我随时准备好了"和"我这边的车大一点，可以多运几箱"的暖心话语，我真的非常感动。

也只有这一刻，才让人感到澳门并不脆弱，好人实在太多，有大家的存在，澳门永远都是福地。

最后，幸好得到海关批准绿色通道，矿泉水运输车顺利到达。而这个临时组建起来的志愿车主群，也在之后的10天继续承担着各种志愿者工作，例如运送物资、清理垃圾等。后来也陆陆续续有一些由香港热心市民捐助的物资送达澳门。

天地无情，人间有情。虽然已经过去两年，但当时这些感动依然历历在目。感谢每一位曾经的付出和汗水，我们一起渡过了难关，我们的心永远相连，精神永远不会倒下。

庆幸得救之后，如何反思？

民间在自救，纪律部队的一线人员也在努力。然而澳门的人力确实太少，有关部门在统筹、协调、调度上又凸显出"应对能力不足"的弊端。当时当局甚至没有考虑停工停课，也没有呼吁娱乐场停止营业、旅行团停止进入澳门，这些都让救灾变得更加困难。

于是，澳门一些大社团最终也自发地组织起社团力量，参与了第一线的救灾，包括清理垃圾、协助老人等。只是，这样一来，情况又有点混乱了，没有人知道到底人力应该如何调配，就算一堆人在，但大家的分工也不明确，效率就快不起来，堆积的垃圾开始发出阵阵恶臭，同时据闻另外一个台风马上又要来了，顿时让人十分彷徨。

这个时候，澳门特区政府提请中央政府批准澳门驻军协助澳门救灾，并及时得到批准。一车车的驻澳解放军开出军营，前往灾害严重的区域。军队出动的视频和照片马上就在社交网络传播开了，大家顿时激动起来，感觉在最软弱的时候，终于得到了拯救。

有个在红街市附近住的伯伯后来跟我说起，当时红街市区域受灾非常严重，不单是环境恶劣，搞了几日卫生都不见一点改善的情况也让人情绪非常低落。而就在伯伯看到解放军到达的时候，扯着好几天的心终于"安落"下来了。但伯伯后来看到那些年轻的军人，也有不少因为清理工作太沉重导致中暑晕厥，伯伯也忍不住哭了："他们也是孩子啊，真的是辛苦他们了。"

在市民志愿者、社团、纪律部队和解放军的共同努力下，澳门终于在下一个台风到达之前清理干净了，避免了疫症的爆发。但是澳门已经大伤元气，人员伤亡也成为了永远的痛。每一个人都会问，其实这一切，我们当初是不是有机会避免？

而经历过这一次大灾难之后，特区政府也逐渐学会了怎样真正应对灾害，以及在紧急情况下如何统筹管理。2018年澳门又遭遇几乎同样级别的台风"山竹"，但这一次，澳门没有再一筹莫展，在充分的准备下，算是无惊无险地度过了。

◆ *2018*

港珠澳大桥之下,我们需要与白海豚和谐共处

2018年10月24日,不用细说,我想很多人都知道这是港珠澳大桥正式通车的重大日子。与一时间铺天盖地的各种宣传报道带来的热烈社会反响不同,我反倒觉得仿佛是一场举行了很久的烟花盛会:最灿烂的一朵在夜空中忽然绽放,喧嚣过后舒了一口气——是的,这个时刻终于到来了。

因为与大桥工程比邻而居,似乎眼见着一个孩子逐渐成长,海豚塔吊装、人工岛成形、深海安装、隧道贯通、亮灯仪式……8年多来每一个话题都能引发城中热议;仔细回想,这座雄伟的跨海大桥,也承载了我的不少私家回忆。

因缘

我出生于岭南之地，很早之前就耳闻港珠澳大桥的"雏形"。当时，珠三角地区与港澳之间分别有深圳、珠海陆路相接，而与粤西之间却交通不便。20世纪80年代，赴内地投资的港商胡应湘提出，因港商西进策略，应建设跨海大桥把唐家湾、淇澳岛、内伶仃岛和屯门连接起来。到了2007年和2008年，遭受亚洲金融风暴冲击后，澳门人推进了这一设想，才促成了日后的种种。

当时的报道说，澳门部分专家学者与商界人士联名写信给国务院，还附上了在伶仃洋上兴建跨海大桥的研究报告，盼望中央政府能在各种建桥方案中平衡各地区之间的利益。换句话说，希望大桥的修建考虑澳门因素，让落脚点离澳门近一些、更近一些。

到了2009年澳门回归十周年纪念日前，似乎是给澳门人送上一份礼物，大桥终于宣布正式动工。而此时，离胡应湘提出的设想已经过了近30年时间。当港珠澳大桥主体建成后，年逾80的胡应湘应邀登桥参观，他说倡议建造这座大桥并不是为了赚钱，因为这座桥是大湾区关键性的工程。当然，无论是政府建还是自己投资建，令人高兴的是这座桥最终建成了，并且是以高水平的标准建成的。

伴随

这座世界最长的跨海大桥，如果乘机从北面返回澳门，可在空中俯瞰它的全貌，3座航桥、4个人工岛，大桥如同一条巨龙卧在伶仃洋上;如果从港澳码头乘船回澳,会从巨大的中国结标志下穿桥而过,大桥绵延雄壮。

"穿行在港珠澳大桥上,如果足够幸运,可以看到野生中华白海豚跃出水面,与大桥上的'海豚'造型钢塔相映成趣"——这是大桥开通时内地媒体对港珠澳大桥的一句描述,这似乎是一个十分美好的场景。

确实,这个曾被英国《卫报》评为"新世纪七大工程奇迹"之一的大桥,各种奇迹或许都能令外界惊叹不已,而我心之所系的确实是这些白海豚。澳门这个高度城市化的弹丸之地,没有南美洲的雨林、非洲的辽阔草原,中华白海豚是为数不多能接触到的野生动物。

大桥开建之初,规划要穿过珠江口中华白海豚国家级自然保护区,但因为中华白海豚是中国国家一级保护动物之一,更是国际濒危的海洋哺乳类动物,而珠江口是这些"水上大熊猫"栖息生存的地方;大桥施工的噪音、污染是否会让它们不得不离开家园,正是我揪心的地方。

多年来,不时有珠江口白海豚搁浅的消息传来,甚至有白海豚在顺德水道迷了路,仅仅是2010年珠江口海域搁浅身亡的白海豚就多达10只。随后,澳门特别行政区民政总署连同保护区管理局和中山大学、香港渔农署成立了"鲸豚搁浅救护网络",一起保护珠江口的中华白海豚。

随后,我了解到每一条大桥施工船上,都有一名海豚观察员,他们的工作就是用望远镜观察施工附近的水域,白海豚每隔几分钟就要浮上海面换气,一旦发现它们出没,就会暂停施工,或是静静等候海豚的离开,或是敲打船体提醒它们;而为了降低对白海豚的影响,大桥在设计和建设中还减少了桥墩数量和打桩。每年的白海豚繁殖季节，还会尽量不影响它们的活动。一个观察员曾说，自己4年工作期间一共见过4次中华白海豚，但没有一次是在施工过程中，这让我轻轻松了一口气。

未来

如果你仔细观察，会发现大桥上矗立着三座海豚钢塔，是的，中华白海豚也是港珠澳大桥的象征。大桥通车之时，听闻有相关部门累计识别了2060头在珠江口水域栖息的中华白海豚，它们并没有因为大桥工程而离开。

大桥通车后，无论是全桥的视频监控，还是人工岛上的白海豚观测站，白海豚保护和海洋环境保护仍不应放松。更听闻粤港澳三地正筹建中华白海豚粤港澳保护联盟，越来越多第三方机构和民间组织将参与白海豚的日常救护、信息共享和科学研究活动中。

然而看看澳门，近年来接连发生中华白海豚丧生事件，近期黑沙海滩以及氹仔海洋花园对开水域先后发现两具白海豚尸体，白海豚接连死亡并非偶然，除了船只尾部导致白海豚外伤外，更大因素是海洋污染，可能是与澳门海域海水污染有关。

竹湾滩岸多次出现大量垃圾，本地泳滩连续两年"水质欠佳"。黑沙环的污水厂处理能力不足，污水未经充分处理便流出大海，污染近岸的底泥，同时，由于管道混乱错接，居民污水直排入海。更有研究指出路环海滩每公升海水里有700至800粒微塑料，西湾大桥附近污染更为严重。这一切近在咫尺的事件，身为澳门人不能视而不见，我们可以做的事也许不多，但起码应该从改变生活方式，从关注环境问题开始。

澳门是所有人的澳门,更是你我的澳门

"政治冷冰冰""政冷经热"是以往外界对澳门政治的印象,但或许这一状况已经在悄悄改变。2018年立法会选举前夕,作为一名不算"新鲜"的新澳门人(我是小学五年级移民到澳门的),我第一次登记选民(必须是年满18岁才可以登记做选民),第一次行使了自己的投票权利,而我也不过是30多万登记选民中的其中一位。

2013年,15万澳门人参加了投票;2018年,这一数字增加到了17万人。看起来不过增加了两万余人,但投票率已近六成,已经是历年热情高点。这其中,我想许多人也跟我一样,思想有了些许转变,从较少关注到远远观望,再到想发出自己的声音,去真正履行公民的责任与义务。

意识

从身边接触的澳门人来看,以往的政治热情不高也不是没有原因的。与香港类似,澳门回归前,澳门总督是由葡萄牙方面任命,虽说法律要求应咨询本澳居民意见,但其实并无监督约束权力。数百年来,华人在葡萄牙的殖民式统治下几乎没有参政空间,自然也就没有议论政治的热情。

而与香港不同,澳门这段特殊的政治历史加上单一的经济体制,使得既得利益者以绝对垄断地位控制着澳门政治,因而追求与推动民主政治发展理念的声音似乎十分微弱。

澳门回归以来,历经数次政改争论,报刊、电视开始常有报道参选人的主张,街头选举活动也逐渐多了起来。只不过似乎参与的大多都是些中老年人士,或聚集在同乡会,或在各种传统社团,成了他们的票仓。也有部分对政治议题感兴趣的青年网友,会在网络上转发讨论。

港珠澳大桥通车之前,我们粤港澳大湾区青年总会有幸能带领一百多位青年一起上桥,用脚丈量大桥。

但即使海报和传单遍布大街小巷,更多的年轻人似乎都在忙于工作"揾两餐先"(维持生计才是日常生活重心),提及选举是在何日,候选人主张有谁,多数人也是一问三不知。

印象较深的是,在2013年立法会选举和2014年的行政长官选举办法咨询,当时有调查称三分之二的澳门市民说"我不知道,我没怎么留意,不好意思",政治冷感可见一斑。

曾有朋友笑称,澳门经济好、人少、人均收入高,政府隔三岔五还派钱,福利这么好,满意度高自然没有意见,也没什么动力,反对派自然也拉不到什么选民支持。美国大选获得的公众关注,往往都比澳门特区的立法会选举更多。虽是句笑谈,但不得不说也代表了身边不知选举日期、不关心参选人主张的部分人。

觉醒

可以说,2017年的那场"天鸽",澳门的脆弱好像一下子暴露了出来。在面对天灾来袭时的惊慌失措,死伤带来的悲恸过后,对气象局不作为的愤懑一下子鼓动了很多人。

这或许只是一个转折点。其实此前,澳门虽经济高速增长,但分配不均的忧患已经隐隐出现,房价高居不下、旅游观光客超出城市承载能力、公共交通系统负荷过重等问题,加上"欧文龙案"等事件,上街躁动与在网络上用键盘口诛笔伐,都是此前不少青年表达意见的方式。这一次,越来越多的社会青年开始关注政治议题,社会可见有了正面积极的反映。反观香港,近期的乱局中也有人冷静思考,2019年的地方选区选民登记也创下了十年新高。

在当年的选举中,网上不少人开始号召年轻人积极登记,街头也多了不少身着参选T恤的年轻人,将满18岁的年轻人也开始呼应登记。有网站统计,虽然长者选民还是占了半数,但是80后和90后的登记选民已经上升到了三成。

参与

记得选民登记的最后一天,不少登记站出现了大排长龙的场景,在佑汉街市公园的登记点还特意延长了服务时间。平日忙于工作的年轻人,在最后一日赶来排队登记。

选举中,看到不少参选组别气势磅礴的誓师大会,在宣传各自政纲时的"君子之争"。也欣喜看到参选人关注高官问责制度的机制,要求加强监督和监管特区政府行政施政的议题;在住房、公屋、医疗和教育等方面,也有不少话题常在微信朋友圈刷屏。

有主打关注青年事务的竞选团体"市民力量",建议特区政府推行免费大学公共教育,制定人才回流机制,甚至建议青年首次置业时由政府担保,减半甚至减免首期,这些话题在不少年轻人中引起了不少反响。当然,令人印象深刻的是,他们要求特区政府尽快落实官员问责制度,让市民对官员公开评分,实行全民监督政府。

投票当日,除了以往成群结队的长者,确实多了很多年轻人的面孔。事后得知,这一次的立法会选举有17万人参与,投票率近六成,创下了澳门回归以来的新高。比上一次多出来的两万多人中,也有不少跟我一样是第一次登记、第一次投票的"首投族"。

反思现状,参与投票,是民心思变,也是用手中的一票来表达自己。"天鸽"让不少人看清,澳门仍然养着如此高薪、尸位素餐的庸碌官员,与其在网络上宣泄,不如用手中一票直接表达,希望下一届议员不辜负选票。投票不但能够监督政府,也希望能用自己的力量改变现状。

是的,澳门是所有人的澳门,也是你我的澳门。之前关注的"市民力量"曾主张,为了提高青年选民的登记率,应取消选民登记,让年满18岁的永久性居民自动成为选民。不过我认为,主动参政议政,才能将自己的声音带入议会,争取更多权益。社会需要进步,需要更多人达成共识,更需要主动重视自己的公民责任。

图为从飞机上看港珠澳大桥的入海隧道。港珠澳大桥是中国人的骄傲。大桥建成以后,我自己开车穿梭香港、珠海、澳门三地,行车时间仅需一小时左右,而且不需要再绕经虎门大桥。

♦ 2019

大湾区"她"时代的机遇

2019年,3月8日国际妇女节,美银美林发布"她经济(she-conomy)"报告。报告称,当前女性积累财富的速度是男性的1.5倍,预计到2020年,女性将持有全球72万亿美元的金融资产。近年,随着经济收入与购买力的提高,女性已经逐渐成为消费市场的主力军,围绕女性产生的"她经济"也正在崛起。经济趋势同样反映着社会文化的变化,我相信,这正是独立女性的时代。

2019 我赶上了最好的机遇

2009年，那时我27岁，问家人借了30万创业，埋头于自己眼前那两亩三分地中，吃尽苦头艰难跋涉，自是对回归感觉不明显不强烈。直至2019年，新中国华诞70周年，澳门回归20周年，澳门全城为"双庆"而热火朝天，各种机会一浪接一浪，各路媒体纷纷要采访澳门典型青年代表，由年头至年尾，每周都有媒体来访问，我才真正强烈地意识到，在澳门回归这二十年，我真是赶上了最好的机遇！

2019年初，万众翘首以待的粤港澳大湾区政策颁布，澳门正式进入大湾区时代。由于一直很积极地组织青年工作，我顺利入选粤港澳大湾区青年总会，并担任澳门区主席及总会副主席。总会在成立一年内，组织多次超过1万人的活动，包括香港超过3万人参与的"创新香港人才嘉年华"。2019年9月，趁着新中国华诞70周年前夕，我们青年总会和广东省青联携手，从香港澳门带领2000名年轻人，和广州1000名青年，一共3000名粤港澳青年在广州白云会议国际中心的广场中央组成了"祖国好"三个大字矩阵。在歌声中，一面巨型五星红旗缓缓覆盖在人群上，稳稳地滑过方阵，青年们用一双双手支撑、托举并传递着五星红旗。

作为六名粤港澳优秀青年代表之一，我在现场宣读了倡议书，共同号召"青年胸怀祖国，投身大湾区建设，真诚交心交友，维护和平安定，为共同建设美好家园而努力奋斗。让我们共同携手，与湾区同发展，与祖国共奋进！"

这项盛举，吸引了全国人民的目光，在《人民日报》的微博上，关于这次活动的报道，就有接近5亿人次浏览，而我和总

要成为一个大湾区青年,首先要积极融入湾区,2019年5月,我代表澳门的媒体出席首届粤港澳大湾区媒体峰会,与凤凰卫视总编等前辈大咖共同讨论大湾区媒体发展。

2019年国庆前夕,我们粤港澳大湾区青年总会成立有史以来最大型的港澳青年考察团,一共组织三千名粤港澳青年在广州拼出"祖国好"三个字!全国多个媒体大幅报道,《人民日报》的微博对于这次报道的浏览量接近5亿。活动上,我代表澳门青年宣读《青年倡议书》,倡议大湾区青年共携手,与祖国共奋进!

会主席吴学明先生，也分别作为澳门和香港的优秀青年代表，登上了央视新闻联播，讲述自己对新中国诞辰70周年的喜悦之情。

粤港澳大湾区的多种政策，例如创业补贴、澳人澳税，等等，都为我们向内地发展带来更大的市场和更多的机遇。我们也可以把港澳与国际接轨的服务优势带进内地。特别是在"她"时代，知识型女性受到社会广泛重视，整个大湾区的人口超过7000万，而其中超过一半是女性，她们拥有非常高的学历和收入，是一个不可多得的市场。

积极推动中华文化

我们常说澳门中西交融，到底这个"中"字体现在哪里？我认为，体现在我们对中华文化和传统的敬畏和传承，也体现在我们年轻人对中华文化的爱里面。

而我自己，就是一个典型的例子。我在中学时代，学校坚持教授普通话，这个传统令澳门人的普通话普遍都挺正宗。

我们也坚持学习毛笔字、文言文。特区政府文化局每年的各种艺术节音乐节里，都有中国传统文化的节目。就像2019年，为了庆祝"双庆"，国家京剧院于魁智和李胜素两位国宝级京剧演员携团队来澳门演出，现场座无虚席。要知道，于、李两位京剧表演艺术家，在北京演一天也是难得，而且票价极高，有钱还未必能买到。在澳门，不但大演三天，票价仅是100元！买三天套票，每天只是50元，加起来才150元！这到底是什么神仙宝地？

我就在澳门这种热爱文化的氛围中长大，除了做我热爱的传媒事业，还有一个小小的古人梦。

"春有百花秋有月，夏有凉风冬有雪，闲若无事挂心头，便是人间好时节。"这充满禅意的诗歌，充分说明"好时节"——澳门首个中式美学品牌的理念。

好时节是我在2018年和合伙人开的，主打原创中式时装、澳门特色文创手信，以及品茶空间。开幕的时候，我们把整条关前街石仔路变成fashion show（时装秀）天桥，上演一幕"流金岁月关前街"。后来我带着品牌参加广东省青年创业比赛，一举夺得季军，这是有史以来澳门参赛队伍在广东省比赛的最高奖项。

好时节算是我的第二次创业，有了以往累积的经验，加上这是自己最热爱的事，因此比第一次创业时顺利得多。我是个国服和旗袍迷，很多重要的场合你都会见到我身穿中式服装出席，我希望让更多喜欢中式元素的女士，可以把国风穿到日常生活中去。

现今的独立女性在社会竞争中，再也不用收藏自己的独特和美好，也不用太过计较得失和别人的评价。穿旗袍出席场合，最初的时候有人觉得太夸张，后来却成为好时节成立的契机。昆曲、旗袍、国潮，慢慢我发现自己在朋友当中，也相当有做意见领袖的潜质。因此，我希望奉献自己的力量，利用更多的新媒体资源，推动中国传统文化和澳门文化。

"人人领航，燃点文化之光"

2019年对我而言，用最潮流的互联网用语来形容，是"流量"变现的一年。从喜欢昆曲，到成为《戏曲春晚》的表演

1999—2019

我们把整条关前街石仔路变成 fashion show（时装秀）天桥

者,澳门有史以来第一个代表上央视献唱京剧的表演者。由自己喜欢东方之美,到成为澳门好时节文创有限公司的创办人;由喜欢向别人介绍澳门,到成为澳门特区政府文化局选定的澳门文化传播大使——这一切对于我来说,看似意料之外,又在意料之中。

我在2019年4月宣誓成为澳门文化传播大使的那一天,发了一个微信朋友圈——"荣幸正式成为澳门文化传播大使!从来都是锦上添花易,雪中送炭难。所谓休戚与共,正当如是。"

文化局从400多名报名者中选出25名青年,为我们量身订做课程,带我们走进街区,花了这么多人力物力,无非是希望我们成为文化的海绵,多了解自身城市纵横交错的历史、斑驳陆离的故事。获得新感悟,再加以推广,让更多的人知道。文化传播大使的口号"人人领航,燃点文化之光"正是这个冀望的高度总结。

澳门青年,让我们站在时代的肩膀上

我是个矛盾综合体,平日贪靓爱装嫩,但也希望自己在商场上是成熟的女企业家;从事时尚产业,却深深热爱一种几百年前的戏曲文化;看似很喜欢衣香鬓影、纸醉金迷,但我最大的爱好却是在自己的茶馆抄经品茗,远离尘嚣。

或者,这样才是典型的现代女性,在各种范畴之中自由穿梭,真正像亦舒笔下的女子一样潇洒,把握自己的命运。我发现很多朋友都喜欢和我讲心事,特别是他们觉得迷惘的时候、不自信的时候,他们会想象自己是我,从而获得力量。

我是个澳门青年,澳门回归二十年,给了我人生中最宝贵的事物——经验、财富、智慧和阅历。希望未来的二十年，我同样可以抓住时代的机遇，发挥自己所长，回馈社会，令澳门更好、更美、更强。

最后用一句我很喜欢的黄永玉老爷子的话，来献给所有澳门努力向上的年轻人："明确的爱，直接的厌恶，真诚的喜欢。站在太阳下的坦荡，大声无愧地称赞自己。"